英検® 過去問題集

2021年度

Gakken

3 級

別 冊 試 験 問 題

推奨

日本英語検定協会

英検

英検® 過去問題集

2021年度

3級

Gakken

もくじ

この本の特長と使い方

● 英検を受けるキミへ

この本は, 過去に出題された英検の問題と, その問題で自分の弱点がどの部分かを確認できる「合格力チェックテスト」を収録した問題集です。読解やリスニングなど, さまざまな対策が求められる「英検(実用英語技能検定)」。この本をどう使えば英検合格に近づくかを紹介します！

過去問＆合格力チェックテストで弱点をなくせ！

本番のテストで勉強して実力アップ！ 過去問題5回

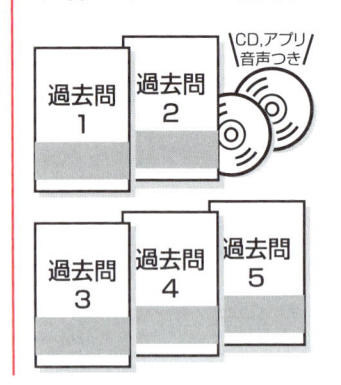

まずは英検の過去問題を解いてみましょう！
この本では, 過去5回分の試験問題を掲載しています！
リスニング問題をすべて収録したCDとアプリ音声がついているので, この問題集1冊で過去問対策ができます。
実際に出題された表現や単語を勉強することで, よく出る表現や問題の傾向をつかむことができます。
※アプリ音声については, p.12をご覧ください。MP3形式のダウンロード音声にも対応しています。

たくさん問題を解いて, 受験級の問題になれよう！

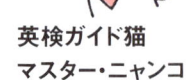

英検ガイド猫
マスター・ニャンコ

弱点を知って実力アップ！ 合格力チェックテスト1回

次に, 「合格力チェックテスト」を解きましょう。このテストは英検で出題された単語や表現で構成された実践問題で, 大問ごとに自分の実力を知るためのテストです。このテストの結果をもとに, 「合格診断チャート」を使って, 自分のニガテな分野を知ることができます。

合格診断チャートの使い方については次のページをチェック！

合格診断チャートはこう使う！

自分の弱点がわかる「合格力チェックテスト」の結果を分析するのが"合格診断チャート"です。ここでは，合格診断チャートの使い方を解説します。

1 合格力チェックテストを解く

▲問題は，英検で実際に出題された単語や表現で構成されている実践的な内容です。

2 答え合わせをする

▲答え合わせは，解説やWORDS&PHRASESを確認しながら進めましょう。

3 診断チャートに書きこむ

▲採点が終わったら，得点を解答解説144ページの分析ページに大問別に書きこみます。

● 合格診断チャートで自分の実力をチェック！

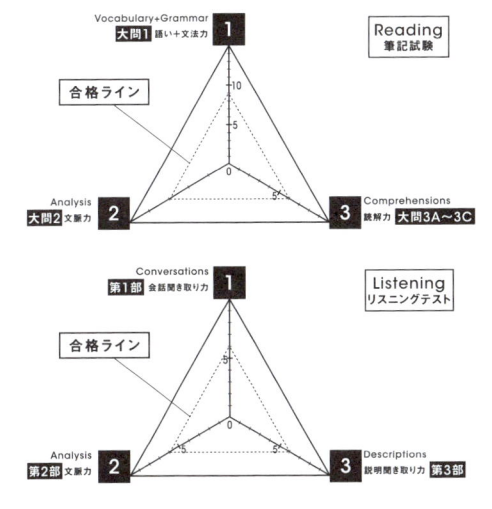

マークシートに記入した自分の得点を合格診断チャートに点で記入し，3つの点を線で結びます。合格の目安になる合格ライン以下の大問は本番でも要注意。解答解説145ページの「分野別弱点克服の方法」を読んで，本番までにニガテを克服してしまいましょう。

点数が低い分野の対策をすれば，効率よく得点アップが狙えるよ

これだけはおさえておきたい!

受験パーフェクトガイド

英検は,文部科学省後援の検定として人気があり,入試や就職でも評価されています。ここでは,英検3級を受験する人のために,申し込み方法や試験の行われ方などをくわしく紹介します。

3級の試験はこう行われる!

● 一次試験は筆記試験とリスニング

3級の一次試験は**筆記試験50分,リスニングテスト約25分**の合計約75分。ライティング問題以外は,解答はすべてマークシート方式です。

● 自宅の近くや学校で受けられる

一次試験は,全国の多くの都市で実施されています。だいたいは,自宅の近くの会場や,自分の通う学校などで受けられます。

● 試験は年3回行われる

3級の一次試験は,**5月**または**6月**(第1回)・**10月**(第2回)・**1月**(第3回)の年3回行われます。願書のしめ切りは,試験日のおよそ1か月前です。
※コンピューターで受験する英検CBT®については,英検CBTウェブサイト
https://www.eiken.or.jp/cbt/
をご覧ください。

● 二次試験(面接)について

一次試験に合格した人が受ける二次試験は一次試験の約1か月後に実施されます。一次試験では問われないスピーキングの実力を問う面接試験です。二次試験対策は別冊109ページを参照してください。

試験の申し込み方法は？

● 団体申し込みと個人申し込みがある

英検の申し込み方法は，学校や塾の先生を通じてまとめて申し込んでもらう**団体申し込み**と，自分で書店などに行って手続きする**個人申し込み**の2通りがあります。中学生・高校生の場合は，団体申し込みをして，自分の通う学校や塾などで受験することが多いです。

● まず先生に聞いてみよう

中学生・高校生の場合は，自分の通っている学校や塾を通じて団体申し込みをする場合が多いので，まずは英語の先生に聞いてみましょう。
団体本会場（公開会場）申し込みの場合は，先生から願書（申し込み用紙）を入手します。必要事項を記入した願書と検定料は，先生を通じて送ってもらいます。試験日程や試験会場なども英検担当の先生の指示に従いましょう。
＊自分の通う学校や塾などで受験する「準会場受験」の場合，申し込みの際の願書は不要です。

● 個人で申し込む場合は書店・コンビニ・ネットで

個人で受験する場合は，次のいずれかの方法で申し込みます。

▶ 書店
英検特約書店（受付期間中に英検のポスターを掲示しています）で検定料を支払い，「書店払込証書」と「願書」を英検協会へ郵送する。

▶ コンビニエンスストア
店内の情報端末機から申し込む。くわしい方法は英検のウェブサイトをご覧ください。

▶ インターネット
英検のウェブサイト（https://www.eiken.or.jp/）から申し込む。

申し込みなどに関するお問い合わせは，英検を実施している
公益財団法人 日本英語検定協会まで。
● 英検ウェブサイト　　　　https://www.eiken.or.jp/
● 英検サービスセンター　　☎03-3266-8311

＊英検ウェブサイトでは，試験に関する情報・優遇校一覧などを公開しています。

出題内容徹底チェック！

3級の問題は，筆記試験とリスニングテストに分けられます。日本英語検定協会の審査基準によると，英検3級は「身近な英語を理解し，また使用することができる」レベルです。この級から面接試験が加わり，受験者全員の話す力が測られることから，身近な英語を理解し，使用できることが求められます。ライティング問題もこの級から加わるので，より総合的な力が求められます。

筆記試験［30問＋ライティング1問・50分］

大問 1　短い文の穴うめ問題 ［15問］

短い文や会話文を読んで，（　　）に適する語句を選ぶ問題です。おもに語い力と文法の知識が問われます。

> (1)　I (　　　　) my house before it started to rain.
> 　　1 developed　2 followed　3 ordered　4 reached
>
> (2)　*A* : It's too dark in this room. Please open the (　　　　).
> 　　*B* : OK, Dad.
> 　　1 curtain　2 blanket　3 towel　4 pillow

大問 2　会話文の穴うめ問題 ［5問］

会話文を読んで，（　　）に適する文や語句を選ぶ問題です。会話の流れを読み取る力と，会話表現の知識が問われます。

> (16)　*Man* : Where do you want to eat tonight?
> 　　　*Woman* : (　　　　) How about the Chinese place on Tenth Street?
> 　　　*Man* : That sounds great.
> 　　1 No problem.　　　　　　　2 That's all right.
> 　　3 Let me see.　　　　　　　4 I thought so, too.

大問 3　長文問題 ［10問］

長文を読んで，その内容についての質問に対する答えを選ぶ問題です。読解力が問われます。次のA，B，Cの3つの形式があります。

A:「掲示・お知らせ」の短い文章（2問）
B:「Eメール・手紙」のやり取り（3問）
C:まとまった量の記述・説明文（5問）

> **The Rivertown Rockets' Canadian Tour**
>
> This summer, the Rivertown Rockets will play some concerts in Canada for the first time. They are one of England's best bands, and they have many beautiful songs. Their shows in the United States last fall were very popular, so get your tickets soon!
>
> **Dates:**
> July 28: Brighton Hall, Vancouver
> July 30: Mustang Theater, Toronto
> August 2: Hickson Stadium, Ottawa
> August 3: Paradise Park, Montreal
>
> At the final show in Montreal, jazz singer Jenny Cortez from Mexico will join the Rivertown Rockets on stage to sing some songs together.
>
> For more information about the concerts, visit the band's website: www.rivertownrockets.com
>
> (21)　Where are the Rivertown Rockets from?
> 　　1 England.　　　　　　　2 Canada.
> 　　3 The United States.　　4 Mexico.

大問 4 ライティング問題 ［1問］

「あなたの一番好きな季節は？」など，質問に対する自分の考えと理由2つを英文で書く問題です。技能ごとに均等にスコアが割り振られている英検では，1問しか出題されないライティング問題はとても重要な項目です。次ページからの英作文対策ページを参考にして，しっかり準備をしてのぞみましょう。

ほかの問題の得点がよくても，ライティングが0点だと不合格になる，重要な問題なんだね。

リスニングテスト［30問・約25分］

第1部　会話の応答を選ぶ問題　［10問］

A→B→Aの短い会話を聞いて，それに対するBの応答として最も適するものを，放送される選択肢から選ぶ問題です。問題用紙に印刷されているのはイラストだけで，応答の選択肢も放送で読まれます。

第2部　会話の内容に関する質問に答える問題　［10問］

A→B→A→Bのやや長い会話と，その内容についての質問を聞いて，質問の答えを選ぶ問題です。問題用紙には選択肢の英文が印刷されています。

| No. 11 | 1 One hour. | 2 Two hours. |
| | 3 Three hours. | 4 Four hours. |

No. 12	1 The boy's favorite shop.
	2 The girl's visit to a zoo.
	3 Their pets.
	4 Their plans for next weekend.

第3部　英文の内容に関する質問に答える問題　［10問］

やや長い英文と，その内容についての質問を聞いて，質問の答えを選ぶ問題です。問題用紙には選択肢の英文が印刷されています。

| No. 21 | 1 Once. | 2 Twice. |
| | 3 Three times. | 4 Many times. |

No. 22	1 He had no classes in April.
	2 He had a lot of homework.
	3 The school was very big.
	4 There were many new students.

ライティングテストってどんな問題?

英検3級では,筆記試験に英作文(ライティング)の問題が出題されます。2016年度まで行われていた語句の並べかえ問題が,記述式の英作文問題に変更されました。

ライティングテストの形式は?

QUESTION に対する自分の考えとその理由を英語で書かせる問題が1題出題されます。

問題例

あなたは,外国人の友達から以下のQUESTIONをされました。
- QUESTIONについて,あなたの考えとその理由を2つ英文で書きなさい。
- 語数の目安は25語~35語です。
- 解答は,解答用紙のB面にあるライティング解答欄に書きなさい。なお,解答欄の外に書かれたものは採点されません。
- 解答がQUESTIONに対応していないと判断された場合は,0点と採点されることがあります。QUESTION をよく読んでから答えてください。

QUESTION What is your favorite subject?

質問の意味と解答例

[質問の意味] あなたの一番好きな教科は何ですか。

[解答例] My favorite subject is P.E. I like sports very much. So, I like P.E. the best. Also, playing soccer with my friends is a lot of fun.(27語)

> 私の一番好きな教科は体育です。私はスポーツがとても好きです。
> なので,体育が一番好きです。また,友達とサッカーをすることはとても楽しいです。

解答のポイントは?

まずは,指示を守ることと,質問文を正しく読みとることがポイントです。解答の英文を書くときには,次のことに注意しましょう。

条件に合っているか?	指示文に「理由を2つ英文で書く」と「目安は25語~35語」とあります。理由が1つだったり,語数が足りなかったりすると減点の対象となります。
質問の答えとして適切か?	文法的に正しい英文を書いていても,質問文の答えになっていない場合は得点がもらえない可能性があります。質問の内容を確認しましょう。
わかりやすい構成になっているか?	英文をただ並べるのではなく,接続詞などを使って,つながりのある英文を書くようにしましょう。
書いたあとは見直しをすること!	条件に合う文になっているか,意味の通る文になっているか,つづりのまちがいはないかなど,もう一度確認しましょう。

▶ 次のページで,実際に練習してみよう。

では, ライティングテストの予想問題にチャレンジしてみよう!

予想問題 1

- あなたは, 外国人の友達から以下の QUESTION をされました。
- QUESTION について, あなたの考えとその理由を2つ英文で書きなさい。
- 語数の目安は25語〜35語です。

QUESTION

Which country do you want to visit during the summer vacation?

予想問題 2

- あなたは, 外国人の友達から以下の QUESTION をされました。
- QUESTION について, あなたの考えとその理由を2つ英文で書きなさい。
- 語数の目安は25語〜35語です。

QUESTION

What do you like to do when you are free?

▶ 解答例・解説は次のページ!

I want to visit America. I like baseball very much. So, I want to watch a major league baseball game there. Also, I can communicate with a lot of people in English. (32語)

> 私はアメリカを訪れたいです。私は野球がとても好きです。なので、そこでメジャーリーグの試合を見たいです。また、多くの人と英語でコミュニケーションをとることができます。

解説

「あなたは夏休みにどの国を訪れたいですか。」と聞かれています。これに対して、**① QUESTION に対する「自分の考え」を書く、②1つ目の理由を書く、③2つ目の理由を書く。**という手順で答えを書いていきます。

まず、**1文目で夏休みに行きたい国をI want to visit 〜.**（私は〜を訪れたい。）の形で述べます。次に、その国へ行きたい2つの理由を述べます。理由としては、その国でしたいことや、その国でできることなどを書くとよいでしょう。**I want to 〜 there.**（私はそこで〜したい。）や、**I can 〜 there.**（私はそこで〜することができます。）などの表現が使えます。**2つ目の理由は、Also**（さらに）を使ってつけ加えると、まとまりのある英文になります。

I like to walk in the park. I have two reasons. First, it's a lot of fun because I enjoy watching beautiful flowers and birds. Second, walking is good for our health. (32語)

> 私は公園を散歩することが好きです。理由は2つあります。1つ目はきれいな花や鳥を見ることが楽しいので、とてもおもしろいです。2つ目は、歩くことは健康によいです。

解説

質問は「あなたは時間があるとき、何をすることが好きですか。」という意味です。まず、1文目で、**I like to 〜. や I like 〜ing. の形を使って、自分がするのが好きなことを述べます。理由を書くときはI have two reasons.**（理由は2つあります。）のように、理由が2つあることを伝える1文を入れてもよいでしょう。そのあと、**First, 〜**（1つ目は〜）、**Second, 〜**（2つ目は〜）を使って、理由を2つ続けます。It is a lot of fun because 〜.（〜なのでとてもおもしろい。）のように**because**を使って理由を表すこともできます。

おさえておきたい表現

ライティングテストの問題は意見と理由を書かせるという点で流れに多くの種類はありません。次のような表現をおさえておくと，さまざまな質問に答えられるようになるでしょう。必ずしもこの表現を使って英文を書く必要はありませんが，いくつかの文の書き方のパターンを身につけて，本番にのぞんでください。

自分の意見を書く表現

My favorite season is summer.　［私の一番好きな季節は夏です。］

I want to visit France.　［私はフランスを訪れたいです。］

I like to talk with my friends.　［私は友達とおしゃべりするのが好きです。］

I like living in a big city better.　［私は大都市で暮らすほうが好きです。］

I hope I work as a doctor in the future.
［私は将来，医師として働くことを望んでいます。］

理由を書く表現

I like summer **the best because** I like swimming.

［私は泳ぐことが好きなので，夏が一番好きです。］

I can enjoy beautiful cherry blossoms in spring.

［春には美しい桜の花を楽しむことができます。］

I'm interested in French culture.　［私はフランス文化に興味があります。］

I want to help a lot of people.　［私はたくさんの人々を助けたいです。］

I can eat delicious food there.
［私はそこでおいしい食べ物を食べることができます。］

文をつなげるときの表現など

Also, there are a lot of museums to visit there.

［さらに，そこには訪れるべき博物館がたくさんあります。］

It is **also** famous for its old temples.　［それは，古いお寺でも有名です。］

There are two reasons. First, ～. **Next**, ～. (**Second**, ～.)
［理由は2つあります。1つ目は～。次は～。（2つ目は～。）］

スマホ用音声アプリについて

この本のCD音声は，専用音声アプリでも聞くことができます。スマホやタブレット端末から，リスニングテストの音声を再生できます。アプリでのみ，二次試験（面接）の音声を再生することも可能です。アプリは，iOS, Android両対応です。

アプリのダウンロードと使い方

①サイトからアプリをダウンロードする
右の2次元コードを読み取るか，URLにアクセスして音声再生アプリ「my-oto-mo（マイオトモ）」をダウンロードしてください。

ダウンロードはこちら！

②アプリを立ち上げて『英検過去問題集』を選択する
本書を選択するとパスワードが要求されるので，以下のパスワードを打ち込んでください。

https://gakken-ep.jp/extra/myotomo/

| Password | **myokast3** |

パソコン用MP3音声について

パソコンから下記URLにアクセスし，IDとパスワードを入力すると，MP3形式の音声ファイルをダウンロードすることができます。再生するには，Windows Media PlayerやiTunesなどの再生ソフトが必要です。

https://gakken-ep.jp/extra/eikenkako/2021/

| ID | **eikenkako2021** | | Password | **myokast3** |

CDプレーヤーがなくても大丈夫！

注意事項
・お客様のネット環境および携帯端末によりアプリをご利用できない場合，当社は責任を負いかねます。ご理解，ご了承いただきますよう，お願いいたします。
・アプリケーションは無料ですが，通信料は別途発生します。
※その他の注意事項はダウンロードサイトをご参照ください。

英検 **3** 級

2020年度
第1回

2020年5月31日実施
［試験時間］筆記試験（50分）リスニングテスト（約25分）

解答用マークシートを使おう。

解答と解説　本冊　p.003

CD1 トラック番号01-03

1

次の(1)から(15)までの （　　） に入れるのに最も適切なものを 1，2，3，4 の中から一つ選び，その番号のマーク欄をぬりつぶしなさい。

(1)　I (　　　　) my house before it started to rain.

　　1　developed　**2**　followed　**3**　ordered　**4**　reached

(2)　*A* : It's too dark in this room.　Please open the (　　　　).

　　B : OK, Dad.

　　1　curtain　　**2**　blanket　　**3**　towel　　**4**　pillow

(3)　You should stop smoking, Jack.　It's bad for your (　　　　).

　　1　health　　**2**　place　　**3**　question　　**4**　gate

(4)　*A* : What do you want to do when you grow up, Peter?

　　B : I want to (　　　　) women's clothes.

　　1　raise　　**2**　design　　**3**　taste　　**4**　increase

(5)　*A* : Is this toy OK for my 3-year-old son?

　　B : Sure.　It's (　　　　) for children over 2 years old.

　　1　safe　　**2**　quiet　　**3**　absent　　**4**　shocked

(6)　*A* : How much does it (　　　　) to go to Osaka by train?

　　B : I'm not sure.　Let's ask Kumi.　She often goes there.

　　1　drop　　**2**　spend　　**3**　shut　　**4**　cost

(7)　*A* : Let's take a break.　We can (　　　　) the lesson after lunch.

　　B : OK, Mr. Kodama.

　　1　continue　　**2**　lend　　**3**　promise　　**4**　order

(8)　The top of the mountain is covered (　　　　) snow all year.

　　1　up　　**2**　with　　**3**　for　　**4**　to

(9) Dana got in (　　　　) for shopping on the Internet. Her parents were angry because she spent $200 on clothes.

  1 trouble   **2** touch   **3** shape   **4** work

(10) *A* : Is it going to snow tomorrow?

  B : I don't know. Let's turn (　　　　) the TV and watch the news.

  1 on   **2** from   **3** in   **4** before

(11) Helen went shopping yesterday and bought a (　　　　) of shoes.

  1 piece   **2** pair   **3** slice   **4** space

(12) *A* : How long does it take you to get to work, Ellie?

  B : About an hour. I have to (　　　　) trains three times.

  1 fall   **2** change   **3** invite   **4** share

(13) *A* : Who is that lady (　　　　) the green sweater?

  B : She's my aunt.

  1 wear   **2** wore   **3** wearing   **4** wears

(14) *A* : Do you know (　　　　) Tommy left school so early?

  B : He had a stomachache.

  1 why   **2** when   **3** where   **4** what

(15) *A* : If you (　　　　), buy me some chocolates while you are in Paris.

  B : Sure.

  1 remembering   **2** remember

  3 remembered   **4** to remember

2

次の(16)から(20)までの会話について，（　　　）に入れるのに最も適切なものを 1，2，3，4 の中から一つ選び，その番号のマーク欄をぬりつぶしなさい。

(16)　　**Man** : Where do you want to eat tonight?

　　　　Woman : (　　　　　) How about the Chinese place on Tenth Street?

　　　　Man : That sounds great.

　　1　No problem.　　　　　　　**2**　That's all right.

　　3　Let me see.　　　　　　　　**4**　I thought so, too.

(17)　**Woman** : Good morning, Jacob.

　　　　Man : Hi, Emily. I like your hat. (　　　　　)

　　　　Woman : Thanks.

　　1　I know you will.　　　　　　**2**　You should get one.

　　3　That sounds interesting.　　**4**　It looks nice on you.

(18)　**Girl** : Let's play catch this afternoon.

　　　　Boy : (　　　　　) I've got too much homework to do. Sorry.

　　1　I don't have time.　　　　　**2**　I think it's exciting.

　　3　It's at the baseball stadium.　**4**　You played well today.

(19)　**Woman** : Kate is so good at tennis.

　　　　Man : Is she better than you?

　　　　Woman : Yeah. When we play together, (　　　　　)

　　1　we're usually late.　　　　　**2**　she always wins easily.

　　3　the court is often open.　　　**4**　I sometimes see her there.

(20)　**Boy** : I went to the aquarium yesterday.

　　　　Girl : Great. Who did you go with?

　　　　Boy : My friends had other plans, so (　　　　　)

　　1　I went by myself.　　　　　　**2**　I can join you.

　　3　I took the bus.　　　　　　　**4**　the weather was bad.

3A

<ruby>次<rt>つぎ</rt></ruby>の<ruby>掲示<rt>けいじ</rt></ruby>の<ruby>内容<rt>ないよう</rt></ruby>に<ruby>関<rt>かん</rt></ruby>して，(21)と(22)の<ruby>質問<rt>しつもん</rt></ruby>に<ruby>対<rt>たい</rt></ruby>する<ruby>答<rt>こた</rt></ruby>えとして<ruby>最<rt>もっと</rt></ruby>も<ruby>適切<rt>てきせつ</rt></ruby>なもの，または<ruby>文<rt>ぶん</rt></ruby>を<ruby>完成<rt>かんせい</rt></ruby>させるのに<ruby>最<rt>もっと</rt></ruby>も<ruby>適切<rt>てきせつ</rt></ruby>なものを 1，2，3，4 の<ruby>中<rt>なか</rt></ruby>から<ruby>一<rt>ひと</rt></ruby>つ<ruby>選<rt>えら</rt></ruby>び，その<ruby>番号<rt>ばんごう</rt></ruby>のマーク<ruby>欄<rt>らん</rt></ruby>をぬりつぶしなさい。

The Rivertown Rockets' Canadian Tour

This summer, the Rivertown Rockets will play some concerts in Canada for the first time. They are one of England's best bands, and they have many beautiful songs. Their shows in the United States last fall were very popular, so get your tickets soon!

Dates:
July 28: Brighton Hall, Vancouver
July 30: Mustang Theater, Toronto
August 2: Hickson Stadium, Ottawa
August 3: Paradise Park, Montreal

At the final show in Montreal, jazz singer Jenny Cortez from Mexico will join the Rivertown Rockets on stage to sing some songs together.

For more information about the concerts, visit the band's website: www.rivertownrockets.com

(21) Where are the Rivertown Rockets from?
1 England.　　2 Canada.
3 The United States.　　4 Mexico.

(22) On August 3, the Rivertown Rockets will
1 play at a stadium in Ottawa.
2 perform with a Mexican singer.
3 visit Jenny Cortez's house.
4 go to a music studio in Montreal.

3B

次の E メールの内容に関して，⑵3から⑵5までの質問に対する答えとして最も適切なものを 1，2，3，4 の中から一つ選び，その番号のマーク欄をぬりつぶしなさい。

From: Diana McConnell
To: Jane Henderson
Date: June 14
Subject: Summer vacation

Hi Jane,
Are you enjoying your summer vacation? I can't believe school ended one week ago! Anyway, I wanted to ask you something. My family is going to Florida later this month. We go there every summer and stay in a hotel by the beach. My cousin usually goes with us, but last week she broke her leg at soccer practice. She needs to stay home and rest, so my parents said I could ask a friend instead. Would you like to come? We can go swimming in the sea every day! Please let me know.
Diana

From: Jane Henderson
To: Diana McConnell
Date: June 14
Subject: Florida

Hi Diana,
I would love to go to Florida with you! I asked my dad, and he said he would think about it. He wants to know more about your plans. When will you leave, and when will you come back? I'm busy until June 20. My grandmother's birthday party is on that day, and I have to be there. My dad will call your mom tomorrow to ask her some other questions about the trip. What time should he call?
Talk to you soon,
Jane

From: Diana McConnell
To: Jane Henderson
Date: June 14
Subject: Schedule

Hi Jane,
We'll leave on June 22 and come back on June 29, so maybe you'll be able to go! My mom is working at the supermarket tomorrow during the day, but she'll be at home in the evening. Please tell your dad to call after six. I'm so excited! I really hope you can come.
Your friend,
Diana

(23) Why won't Diana's cousin go to Florida this summer?
   1 She doesn't know how to swim.
   2 She has to practice soccer.
   3 She hurt her leg.
   4 She got a job at a hotel.

(24) What does Jane have to do on June 20?
   1 Leave for Florida.
   2 Go to a birthday party.
   3 Take her cousin shopping.
   4 Plan a trip with her father.

(25) What will Jane's father do tomorrow evening?
   1 Talk to Diana's mother.
   2 Go to the supermarket.
   3 Call Diana's school.
   4 Come back from a trip.

次の英文の内容に関して，⑵から⑳までの質問に対する答えとして最も適切なもの，または文を完成させるのに最も適切なものを 1, 2, 3, 4 の中から一つ選び，その番号のマーク欄をぬりつぶしなさい。

The Grand Canyon

In Arizona in the United States, there is a very large and deep valley,* and the Colorado River runs through it. This place is called the Grand Canyon, and it is 446 kilometers long, about 1.6 kilometers deep, and up to 29 kilometers wide. The weather there can be very hot in summer and very cold in winter.

Every year, millions of people come to see the beautiful views of the Grand Canyon. Ninety percent of the people visit an area called the South Rim because it is open all year round and it is easy to get there from some big cities. The North Rim is only open from May to October. Recently, people have started to visit the West Rim, too.

Native Americans* have lived in and around the canyon for thousands of years. In 1540, García López de Cárdenas from Spain became the first European to see the canyon. But Cárdenas was not able to climb down into the canyon. Much later, in 1869, an American named John Wesley Powell traveled down the Colorado River by boat with some men. During the trip, Powell named the place the "Grand Canyon" in his diary.

In 1903, U.S. president Theodore Roosevelt decided to protect the canyon and made it a national monument.* In 1919, it became a national park. Today, some people go hiking or camping in the canyon, and boat tours are also popular. Because the canyon is so big, a boat tour can take about two weeks. Many people enjoy this beautiful place every year.

*valley: 谷
*Native American: アメリカ先住民
*national monument: 国定記念物

(26) The Grand Canyon
  1 was made by Native Americans.
  2 is visited by many people each year.
  3 is the coldest place in the world.
  4 is 1.6 million years old.

(27) Which area do most people visit in the Grand Canyon?
  1 The North Rim.　　**2** The South Rim.
  3 The West Rim.　　**4** The East Rim.

(28) What did John Wesley Powell do in 1869?
  1 He climbed down into the Grand Canyon with President Roosevelt.
  2 He traveled around the Grand Canyon with García López de Cárdenas.
  3 He began living in the Grand Canyon with Native Americans.
  4 He thought of the name the "Grand Canyon."

(29) Why do boat tours of the Grand Canyon take so long?
  1 Visitors have to ride in small boats.
  2 The boats stop at many Spanish restaurants.
  3 The canyon is very large.
  4 National parks have many rules for visitors.

(30) What is this story about?
  1 A famous national park in the United States.
  2 A special kind of rock from Arizona.
  3 A city with cold summers and hot winters.
  4 A president who found a new canyon.

ライティング

4

- あなたは，外国人（がいこくじん）の友達（ともだち）から以下（いか）の **QUESTION** をされました。
- **QUESTION** について，あなたの考（かんが）えとその**理由を2つ**英文（えいぶん）で書（か）きなさい。
- 語数（ごすう）の目安（めやす）は 25 語（ご）～ 35 語（ご）です。
- 解答（かいとう）は，解答用紙（かいとうようし）にあるライティング解答欄（かいとうらん）に書（か）きなさい。**なお，解答欄（かいとうらん）の外（そと）に書（か）かれたものは採点（さいてん）されません。**
- 解答（かいとう）が **QUESTION** に対応（たいおう）していないと判断（はんだん）された場合（ばあい）は，**0点（てん）と採点（さいてん）されることがあります。** QUESTION をよく読（よ）んでから答（こた）えてください。

QUESTION

Do you want to study abroad in the future?

リスニングテスト

[3 級リスニングテストについて]

1

このテストには，第1部から第3部まであります。
◆英文は第1部では一度だけ，第2部と第3部では二度，放送されます。

第 1 部	イラストを参考にしながら対話と応答を聞き，最も適切な応答を 1，2，3 の中から一つ選びなさい。
第 2 部	対話と質問を聞き，その答えとして最も適切なものを 1，2，3，4 の中から一つ選びなさい。
第 3 部	英文と質問を聞き，その答えとして最も適切なものを 1，2，3，4 の中から一つ選びなさい。

2

No. 30 のあと，10 秒すると試験終了の合図がありますので，筆記用具を置いてください。

第 1 部

CD1 01

〔例題〕

No. 1

No. 2

No. 3

No. 4

No. 5

No. 6

No. 7

No. 8

No. 9

No. 10

No. 11
1 One hour.   2 Two hours.
3 Three hours.   4 Four hours.

No. 12
1 The boy's favorite shop.
2 The girl's visit to a zoo.
3 Their pets.
4 Their plans for next weekend.

No. 13
1 A small red one.   2 A small blue one.
3 A large red one.   4 A large blue one.

No. 14
1 In the cafeteria.   2 In Room 312.
3 In the library.   4 In the drama room.

No. 15
1 Studying at school.
2 Reading in the park.
3 Riding her bike.
4 Talking to Robert.

No. 16
1 At 2:15.   2 At 3:00.
3 At 3:45.   4 At 4:05.

No. 17	1 To clean Ms. Lee's classroom.
	2 To look for his science book.
	3 To take a science test.
	4 To do his homework.

No. 18	1 Leave the park with her dog.
	2 Look for the man's dog.
	3 Show the man around the park.
	4 Get a new pet.

| No. 19 | 1 His best friend. | 2 A girl in his class. |
| | 3 His mother. | 4 A singer. |

| No. 20 | 1 In spring. | 2 In summer. |
| | 3 In fall. | 4 In winter. |

第3部

No. 21
1 Once. 2 Twice.
3 Three times. 4 Many times.

No. 22
1 He had no classes in April.
2 He had a lot of homework.
3 The school was very big.
4 There were many new students.

No. 23
1 The school's. 2 The library's.
3 His mother's. 4 Laura's.

No. 24
1 She makes the beds.
2 She washes the dishes.
3 She cooks dinner.
4 She cleans the bathroom.

No. 25
1 He is a baseball player.
2 He is a baseball coach.
3 He is a Japanese teacher.
4 He is a P.E. teacher.

No. 26
1 Buy some apples.
2 Make a lemon pie.
3 Cut down a tree.
4 Go to a gardening shop.

No. 27
1 In an airport.　　2 In a bookstore.
3 In a museum.　　4 In a classroom.

No. 28
1 Eat lunch at the park.
2 Have lunch at home.
3 Go out with her mother.
4 Eat with her mother.

No. 29
1 Tonight.　　2 Tomorrow morning.
3 Tomorrow night.　　4 Next Thursday.

No. 30
1 Sara broke her leg.
2 Sara bought some skis.
3 Sara left the hospital.
4 Sara visited her father.

英検 3 級

2020年度 第2回

2020年10月11日実施
［試験時間］筆記試験（50分）リスニングテスト（約26分）

解答用マークシートを使おう。

解答と解説　本冊 p.031

CD1 トラック番号04-06

1

(1) **A** : This shirt doesn't (　　) me. It's too small. I'd like a bigger one, please.

B : Certainly. I'll get one for you.

1 fight **2** fit **3** keep **4** collect

(2) **A** : How long have you lived in Shizuoka, Chris?

B : I've lived here (　　) I was 10 years old.

1 and **2** since **3** than **4** until

(3) The weather here is usually sunny, so (　　) power is popular.

1 shocking **2** silent **3** south **4** solar

(4) Jennifer's father told us to drive (　　) because the roads were very wet.

1 softly **2** carefully **3** lightly **4** helpfully

(5) **A** : I have to write your name and (　　) on this paper. How old are you, Takeshi?

B : I'm 15.

1 age **2** line **3** air **4** capital

(6) I left the pizza in the oven too long and (　　) it.

1 believed **2** borrowed **3** burned **4** belonged

(7) Kelly and Bob had a baby boy last week. They (　　) him Alfred.

1 spent **2** told **3** picked **4** named

(8) My brother played very well in the baseball game. I'm very ( ) of him.

1 proud　　2 kind　　3 ready　　4 fresh

(9) *A* : Have you known Jennifer for a long time?

B : Yes. ( ) fact, we met over 10 years ago.

1 For　　2 In　　3 Under　　4 Among

(10) *A* : It's already 7:15, and Tim's not here yet.

B : Oh, he's late ( ) usual. He's never on time.

1 else　　2 just　　3 first　　4 as

(11) *A* : I can go to a movie on ( ) Friday or Saturday. Which is good for you?

B : Saturday is better for me.

1 enough　　2 either　　3 else　　4 ever

(12) *A* : Where is the bank?

B : ( ) straight down Main Street. You'll see it on your left.

1 Break　　2 Catch　　3 Go　　4 Put

(13) *A* : Do you understand the homework ( ) Mrs. Parker gave us?

B : No, I don't.

1 that　　2 when　　3 who　　4 how

(14) Naoko likes ( ) letters to her friends.

1 write　　2 writing　　3 wrote　　4 writes

(15) *A* : Mitch, I want to borrow your headphones. ( ) you bring them tomorrow?

B : Sure, Sarah. No problem.

1 Would　　2 Be　　3 Have　　4 Should

2

次の(16)から(20)までの会話について，（　）に入れるのに最も適切なものを 1，2，3，4 の中から一つ選び，その番号のマーク欄をぬりつぶしなさい。

(16) **Salesclerk** : Do you need any help, sir?

Customer : Yes. I love the color of this jacket. （　）

Salesclerk : Of course. The mirror is over there.

1　Can I try it on?　　　　　　2　Can I work here?
3　How much is this?　　　　　 4　Where is the elevator?

(17) **Daughter** : Dad, I'm going on a trip next weekend. Can I borrow your suitcase?

Father : Sorry, but （　）

1　it's broken.　　　　　　　　2　I'll be late.
3　I can't go.　　　　　　　　　4　I don't need it.

(18) **Son** : I can't choose which T-shirt to buy, the white one or the blue one.

Mother : Well, （　） It's almost time to go home.

1　don't tell me.　　　　　　　2　look in your bedroom.
3　wash it tonight.　　　　　　4　please decide quickly.

(19) **Man** : That was a delicious dinner.

Woman : Really? （　） It was too spicy for me.

1　I can eat yours.　　　　　　2　I didn't think so.
3　I'll do it.　　　　　　　　　4　I used chopsticks.

(20) **Woman** : Adam looks really tired today. （　）

Man : He said he ran in a marathon yesterday.

1　Which is yours?　　　　　　2　Did you finish the race?
3　Do you know why?　　　　　4　When did you ask him?

3A

Huntly International Food Festival

Come and enjoy food from around the world. There will be interesting dishes from Asia, Europe, Africa, and South America.

Date: Saturday, September 19
Time: 11 a.m. to 8 p.m.
Place: Carlton Park (five minutes from Westland Train Station)
　　　　If the weather is bad, it'll be held at Westland University.

You can enter the festival for free, and each dish will cost between three and five dollars.

One of Huntly's most popular chefs, Vanessa Wong, is going to teach some Chinese cooking classes at the festival. To take part in one of these lessons, please sign up in the blue tent before noon.

www.huntlyiff.com

(21) What will happen if the weather isn't good on September 19?
1 Everyone will get a three-dollar discount.
2 Everyone will get one free dish.
3 The festival will be held at a train station.
4 The festival will be held at a university.

(22) People who want to take a cooking lesson have to
1 know how to cook Chinese food.
2 send an e-mail to Vanessa Wong.
3 go to the blue tent in the morning.
4 check the festival's website.

3B

From: Sam Clark
To: Tomoko Abe
Date: December 20
Subject: Hello

....

Dear Ms. Abe,
My name is Sam Clark. My sister, Shelly Clark, stayed at the Pondview Hotel in September. Do you remember her? She loved your hotel, so I'd also like to stay there when I visit Tokyo in March. There isn't much information about your hotel in English on your website, so Shelly gave me your e-mail address and told me to contact you. I'd like to stay from March 23 to March 27. I'll be traveling with my wife, so I'd like a double room. How much will it cost? And will we be able to get a room with a view of the garden?
Best regards,
Sam Clark

From: Tomoko Abe
To: Sam Clark
Date: December 21
Subject: Room price

....

Dear Sam Clark,
Thank you very much for your e-mail. Of course I remember Shelly. I talked to her a lot during her stay. A double room from March 23 to March 27 will cost 50,000 yen in total. And all our rooms have a view of the garden. Our garden is very beautiful at the end of March because that is usually cherry blossom season in Tokyo. If the weather is good, you'll be able to have a picnic under one of our cherry blossom trees. I hope the room price is OK for you.
Best regards,
Tomoko Abe

From: Sam Clark
To: Tomoko Abe
Date: December 22
Subject: Thank you

Dear Ms. Abe,
Thank you for your e-mail. The price for the room is fine. Thanks for telling us about the cherry blossom trees in the garden, too. My wife loves taking pictures, so she's really excited about taking some in the garden during our stay! See you in March.
Best regards,
Sam Clark

(23) How did Sam Clark get Tomoko Abe's e-mail address?
   1 From the hotel's website.
   2 From his sister.
   3 From a travel company.
   4 From his wife.

(24) What kind of room does Sam Clark want to stay in?
   1 A single room with a view of the garden.
   2 A single room without a view of the garden.
   3 A double room with a view of the garden.
   4 A double room without a view of the garden.

(25) What is Sam Clark's wife looking forward to?
   1 Taking pictures in the hotel's garden.
   2 Planting a cherry blossom tree in her garden.
   3 Meeting Tomoko Abe.
   4 Having a picnic with Shelly.

<ruby>次<rt>つぎ</rt></ruby>の<ruby>英文<rt>えいぶん</rt></ruby>の<ruby>内容<rt>ないよう</rt></ruby>に<ruby>関<rt>かん</rt></ruby>して，(26)から(30)までの<ruby>質問<rt>しつもん</rt></ruby>に<ruby>対<rt>たい</rt></ruby>する<ruby>答<rt>こた</rt></ruby>えとして<ruby>最<rt>もっと</rt></ruby>も<ruby>適切<rt>てきせつ</rt></ruby>なもの，または<ruby>文<rt>ぶん</rt></ruby>を<ruby>完成<rt>かんせい</rt></ruby>させるのに<ruby>最<rt>もっと</rt></ruby>も<ruby>適切<rt>てきせつ</rt></ruby>なものを 1, 2, 3, 4 の<ruby>中<rt>なか</rt></ruby>から<ruby>一<rt>ひと</rt></ruby>つ<ruby>選<rt>えら</rt></ruby>び，その<ruby>番号<rt>ばんごう</rt></ruby>のマーク<ruby>欄<rt>らん</rt></ruby>をぬりつぶしなさい。

The Super Bowl

Many Americans love watching sports such as baseball, basketball, and soccer. But the most popular sport to watch is American football. Every year, there is a special American football game called the Super Bowl. The two best professional football teams play in this game.

The first Super Bowl game was in 1967. A team called the Green Bay Packers won that game. Two teams have won the Super Bowl many times. They are the Pittsburgh Steelers and the New England Patriots. Both teams have won it six times. Many different teams have played in the Super Bowl. When a team wins, it receives a special award called the Vince Lombardi Trophy. Lombardi was the coach of the Green Bay Packers when they won the first Super Bowl in 1967.

The day of the Super Bowl is very exciting. The game is usually played on the first Sunday of February, and this day is often called Super Bowl Sunday. On this day, millions of Americans stay home and watch the Super Bowl on TV with friends and family. While people cheer for their favorite team, they enjoy eating food like pizza, potato chips, and fried chicken. Because so many people stay home to watch the Super Bowl, some stores and restaurants close early.

American football players and fans love the Super Bowl. Some people think the day of the Super Bowl should be a holiday in the United States. This game will always be a popular event for many Americans.

(26) Which sport is the most popular to watch for Americans?
  1 Baseball.   **2** Basketball.
  3 Soccer.   **4** American football.

(27) The Pittsburgh Steelers and the New England Patriots
  1 played in the first Super Bowl.
  2 lost to the Green Bay Packers in 1967.
  3 have won the Super Bowl six times each.
  4 have had the same coach.

(28) Who was Vince Lombardi?
  1 The New England Patriots' best player.
  2 A popular cook for an American football team.
  3 The coach of the team that won the first Super Bowl.
  4 The man who thought of the name Super Bowl Sunday.

(29) Why do millions of Americans stay home on Super Bowl Sunday?
  1 The food at restaurants is too expensive.
  2 They want to cheer for their favorite team on TV.
  3 It is too cold to go outside in February.
  4 The stadium is too crowded.

(30) What is this story about?
  1 A special American sports event.
  2 The history of the first coach of American football.
  3 The best food to make before watching sports on TV.
  4 A holiday for playing sports in the United States.

ライティング

4

- ■ あなたは，外国人の友達から以下の **QUESTION** をされました。
- ■ **QUESTION** について，あなたの考えとその**理由を2つ**英文で書きなさい。
- ■ 語数の目安は 25 語〜 35 語です。
- ■ 解答は，解答用紙にあるライティング解答欄に書きなさい。**なお，解答欄の外に書かれたものは採点されません。**
- ■ 解答が **QUESTION** に対応していないと判断された場合は，**0点と採点されることがあります。** QUESTION をよく読んでから答えてください。

QUESTION

Do you often use a bike in your free time?

リスニングテスト

1 このテストには，第1部から第3部まであります。
◆英文は第1部では一度だけ，第2部と第3部では二度，放送されます。

第1部	イラストを参考にしながら対話と応答を聞き，最も適切な応答を 1, 2, 3 の中から一つ選びなさい。
第2部	対話と質問を聞き，その答えとして最も適切なものを 1, 2, 3, 4 の中から一つ選びなさい。
第3部	英文と質問を聞き，その答えとして最も適切なものを 1, 2, 3, 4 の中から一つ選びなさい。

2 No. 30 のあと，10 秒すると試験終了の合図がありますので，筆記用具を置いてください。

CD1 04

第**1**部

〔例題〕

※本書の CD では，例題の音声は省略しています。
No.1 から始めてください。

No. 1

No. 2

No. 3

No. 4

No. 5

No. 6

No. 7

No. 8

No. 9

No. 10

No. 11	1 She will move to Italy.
	2 She saw a concert.
	3 She went to her aunt's house.
	4 She got a piano.

| No. 12 | 1 By May 5. | 2 By May 15. |
| | 3 By May 20. | 4 By May 21. |

No. 13	1 The tennis club.
	2 The cooking club.
	3 The speech club.
	4 The drama club.

No. 14	1 At the man's house.
	2 At the woman's house.
	3 At the man's office.
	4 At a station.

No. 15	1 His mother is angry with him.
	2 He is hungry.
	3 He isn't feeling well.
	4 He can't cook dinner.

No. 16	1 Buy some beef.
	2 Find a plate.
	3 Sell stew to the man.
	4 Leave the festival.

No. 17	1 He went to the gym.
	2 He cooked dinner.
	3 He planned a trip.
	4 He went to bed early.

No. 18	1 In the library.
	2 In the drama room.
	3 In Mr. Clark's classroom.
	4 In the cafeteria.

| No. 19 | 1 Eight. | 2 Twelve. |
| | 3 Eighteen. | 4 Twenty. |

No. 20	1 Vanilla sauce.
	2 Chocolate sauce.
	3 Strawberries.
	4 Cherries.

No. 21
1 The boy saw his friend.
2 The boy forgot to get off.
3 A woman couldn't sit down.
4 A woman forgot her handbag.

No. 22
1 A mystery book.
2 A science fiction book.
3 A cookbook.
4 A science textbook.

No. 23
1 On the first floor.
2 On the second floor.
3 On the third floor.
4 On the fourth floor.

No. 24
1 Last year.　　2 Two years ago.
3 Three years ago.　　4 Five years ago.

No. 25
1 His.　　2 Betty's.
3 Cindy's.　　4 Lucy's.

No. 26
1. Teach some Japanese lessons.
2. Go to England.
3. Send her family a letter.
4. Visit her parents.

No. 27
1. His team never wins big games.
2. His team's best player is sick.
3. He can't find his soccer ball.
4. He has caught a cold.

No. 28
1. Once a week.
2. Twice a week.
3. Three times a week.
4. Four times a week.

No. 29
1. Go to a curry restaurant.
2. Buy some vegetables.
3. Work at a supermarket.
4. Visit a chicken farm.

No. 30
1. Talk with her friends.
2. Watch a movie.
3. Read a music magazine.
4. Do her homework.

英検 3 級

2019年度 第1回

2019年6月2日実施
［試験時間］筆記試験（50分）リスニングテスト（約25分）

解答用マークシートを使おう。

解答と解説　本冊　p.059

CD1 トラック番号07-09

次の(1)から(15)までの（　）に入れるのに最も適切なものを 1, 2, 3, 4 の中から一つ選び, その番号のマーク欄をぬりつぶしなさい。

(1) **A** : Do you like to go fishing?

B : No, I think fishing is (　　　).

1 boring　　**2** exciting　　**3** enjoyable　　**4** glad

(2) Andy lives on the sixth floor of a big building. His friend David lives in the apartment (　　　) on the fifth floor.

1 back　　**2** below　　**3** before　　**4** later

(3) **A** : How many pens are in this box?

B : I don't know. Let's (　　　) them and find out.

1 invite　　**2** break　　**3** turn　　**4** count

(4) **A** : You have a beautiful home, Clara.

B : Thank you. My father (　　　) it.

1 designed　　**2** brought　　**3** shared　　**4** wrote

(5) The football game begins at 7:00, so let's (　　　) outside the station at 6:15.

1 meet　　**2** make　　**3** come　　**4** show

(6) When you speak in front of many people, you must speak in a (　　　) voice.

1 tall　　**2** long　　**3** loud　　**4** wide

(7) If you win the art contest, you will (　　　) a prize.

1 invite　　**2** guess　　**3** receive　　**4** serve

(8) **A** : I got two tickets for the baseball game. (　　　　) don't you come with me?

　　B : Sounds great. I really want to go.

　　1 How　　　**2** Why　　　**3** What　　　**4** When

(9) I usually get up at seven o'clock and go to bed (　　　　) nine and ten.

　　1 before　　**2** on　　　**3** still　　　**4** between

(10) Nancy wants to save money, so she will not go (　　　　) to eat this week.

　　1 near　　　**2** out　　　**3** by　　　**4** down

(11) We (　　　　) a lot of fun when my parents took us camping last weekend.

　　1 had　　　**2** did　　　**3** played　　　**4** got

(12) At my school, people must (　　　　) off their shoes when they go into the school building.

　　1 have　　　**2** make　　　**3** take　　　**4** bring

(13) My brother is a musician. He is going to teach me (　　　　) to play the guitar.

　　1 how　　　**2** who　　　**3** that　　　**4** what

(14) If Frank (　　　　) his knee in today's practice, he won't be able to play in the soccer tournament on the weekend.

　　1 injure　　**2** injures　　**3** injuring　　**4** to injure

(15) **A** : Look at the monkey (　　　　) a banana over there.

　　B : Oh, it's really cute.

　　1 to eat　　**2** ate　　　**3** eating　　　**4** eats

2

次の(16)から(20)までの会話について、（　　）に入れるのに最も適切なものを 1, 2, 3, 4 の中から一つ選び、その番号のマーク欄をぬりつぶしなさい。

(16) **Daughter** : I hope I do well on my final exam today.

　　　Mother : (　　　　) You studied hard, so you'll do well.

　1　Don't worry.　　　　　　**2**　I don't have a dictionary.

　3　That's your teacher.　　　**4**　All weekend.

(17) **Woman** : I went to a restaurant called Mama Dell's last night.

　　　　　　　(　　　　　)

　　　Man : Yes.　My friend said it's delicious.

　1　Have you heard of it?　　　**2**　Are you finished?

　3　May I come in?　　　　　　**4**　What did you buy?

(18) **Father** : How are you feeling today, Paul?

　　　Son : (　　　　) I still have a fever.

　1　After I have breakfast.　　　**2**　Not at the moment.

　3　Not so good.　　　　　　　**4**　If I have time.

(19) **Daughter** : Can you take me to the park, Mom?

　　　Mother : (　　　　) Let's watch a movie instead.

　1　I don't know that actor.　　　**2**　Come back before dinner.

　3　I've seen it before.　　　　　**4**　It's too cold to play outside.

(20) 　**Man** : Aren't you going to Australia soon?

　Woman : Yeah.　(　　　　) so I have to get ready this weekend.

　1　It was a wonderful trip,

　2　I'm leaving on Monday morning,

　3　I was born in Sydney,

　4　I'll bring you back a present,

次の掲示の内容に関して，(21)と(22)の質問に対する答えとして最も適切なものを 1，2，3，4 の中から一つ選び，その番号のマーク欄をぬりつぶしなさい。

Japanese Movie Festival

Come to Suntown Theater and enjoy some amazing Japanese movies! There will be comedies, dramas, horror movies, and a lot more.

When: July 10 to July 20
Where: Suntown Theater, 21 Wilson Street
Ticket Prices: Adults - $15 Students & Children - $10
You'll be given a free bottle of Japanese green tea with each ticket.

On July 10, the festival will begin with a comedy called *Karaoke King*. The famous actor, Akira Sato, will come to the theater and talk about the movie before it starts. If you want to attend this event, buy a ticket soon!

Check our website for more information: www.suntowntheater.com

(21) What will people get when they buy a ticket?

1 A Japanese snack. **2** A *Karaoke King* DVD.
3 A bottle of tea. **4** A movie poster.

(22) What will happen on July 10?

1 Akira Sato will give a talk about *Karaoke King*.
2 The movie festival will finish.
3 There will be a karaoke contest at Suntown Theater.
4 Suntown Theater will be closed.

<ruby>次<rt>つぎ</rt></ruby>の E メールの<ruby>内容<rt>ないよう</rt></ruby>に<ruby>関<rt>かん</rt></ruby>して，⑵⑶から⑵⑸までの<ruby>質問<rt>しつもん</rt></ruby>に<ruby>対<rt>たい</rt></ruby>する<ruby>答<rt>こた</rt></ruby>えとして<ruby>最<rt>もっと</rt></ruby>も<ruby>適切<rt>てきせつ</rt></ruby>なもの，または<ruby>文<rt>ぶん</rt></ruby>を<ruby>完成<rt>かんせい</rt></ruby>させるのに<ruby>最<rt>もっと</rt></ruby>も<ruby>適切<rt>てきせつ</rt></ruby>なものを 1，2，3，4 の<ruby>中<rt>なか</rt></ruby>から<ruby>一<rt>ひと</rt></ruby>つ<ruby>選<rt>えら</rt></ruby>び，その<ruby>番号<rt>ばんごう</rt></ruby>のマーク<ruby>欄<rt>らん</rt></ruby>をぬりつぶしなさい。

From: Mike Costello
To: Rose Costello
Date: June 25
Subject: New idea

Hi Grandma,
How are you? School finished last week, so I'm on summer vacation now. I play video games or go swimming at the pool every day. I asked Dad for some money to buy some new games, but he said no. He said I should find a part-time job. I'm 17 years old now, so I guess he's right. Anyway, I have an idea. I've decided to start my own business. I'm going to wash people's cars. I'll visit their houses and wash each car for $10. I've already asked some of Mom and Dad's friends, and they said they're interested. How about you, Grandma? Would you like me to wash your car sometime?
Love,
Mike

From: Rose Costello
To: Mike Costello
Date: June 25
Subject: This Saturday

Hello Mike,
Thank you for your e-mail. I'm glad to hear you're enjoying your summer vacation. Your mother called yesterday. She said she's worried because you didn't do well on your last math test. I'm sure you'll do better next time. That's a great idea for a business. Could you come and wash my car for me? Your grandfather usually does it, but he's getting old. It's very hard for him to do it these days. You can

come and wash it once a month. Could you come this Saturday at noon? I'll pay you, of course, but I'd also like to make you something to eat for lunch. How about tuna and cheese sandwiches? Please call me by Friday night and let me know.

Love,

Grandma

(23) What was Mike's problem at first?

1 His father didn't give him money.

2 He was too busy to find a new job.

3 He didn't like his job at the pool.

4 He couldn't swim well.

(24) What did Mike's mother say about Mike?

1 He doesn't want to work for a famous car company.

2 His favorite subject at school is math.

3 He wants to go to a driving school this summer.

4 He didn't get a good score on his math test.

(25) This Saturday, Mike's grandmother wants Mike to

1 wash her car.

2 make sandwiches.

3 call his grandfather.

4 drive her to the store.

<ruby>次<rt>つぎ</rt></ruby>の<ruby>英文<rt>えいぶん</rt></ruby>の<ruby>内容<rt>ないよう</rt></ruby>に<ruby>関<rt>かん</rt></ruby>して，(26)から(30)までの<ruby>質問<rt>しつもん</rt></ruby>に<ruby>対<rt>たい</rt></ruby>する<ruby>答<rt>こた</rt></ruby>えとして<ruby>最<rt>もっと</rt></ruby>も<ruby>適切<rt>てきせつ</rt></ruby>なもの，または<ruby>文<rt>ぶん</rt></ruby>を<ruby>完成<rt>かんせい</rt></ruby>させるのに<ruby>最<rt>もっと</rt></ruby>も<ruby>適切<rt>てきせつ</rt></ruby>なものを 1, 2, 3, 4 の<ruby>中<rt>なか</rt></ruby>から<ruby>一<rt>ひと</rt></ruby>つ<ruby>選<rt>えら</rt></ruby>び，その<ruby>番号<rt>ばんごう</rt></ruby>のマーク<ruby>欄<rt>らん</rt></ruby>をぬりつぶしなさい。

Maurice Richard

In Canada, more children play soccer than any other sport, but ice hockey is also popular. Many children dream of becoming professional ice hockey players. For them, ice hockey players are special. One famous Canadian ice hockey player is Maurice Richard.

Maurice was born in 1921 in Montreal, Canada. When he was growing up, he enjoyed ice-skating, baseball, and boxing, but he loved ice hockey the most. When he was 14, he started playing ice hockey at school with his friends. He left school and got a job with his father when he was 16. Then, when he was 18, he joined an amateur* ice hockey team.

When Maurice was 21, he started playing for a professional ice hockey team called the Montreal Canadiens. Maurice soon became an important player on his team, and he was the first player to get 50 goals in one season. He was strong and skated very fast, so people started calling him "The Rocket." When he played, his team won many games. He helped the Montreal Canadiens to win the Stanley Cup* eight times. Maurice stopped playing ice hockey in 1960. He was a professional ice hockey player for 18 years.

When Maurice died in 2000, many Canadians were sad. People loved him because he was one of the greatest ice hockey players in history. He is still remembered because there is an award called the Maurice "Rocket" Richard Trophy. Every year, it is given to the player who gets the most goals in one season.

*amateur: アマチュア
*Stanley Cup: <ruby>北米<rt>ほくべい</rt></ruby>プロアイスホッケー<ruby>優勝決定戦<rt>ゆうしょうけっていせん</rt></ruby>

(26) Which sport is played by the most children in Canada?

    1 Boxing.   **2** Soccer.

    3 Baseball.   **4** Ice hockey.

(27) What did Maurice Richard do when he was 16 years old?

    1 He started playing ice hockey.

    2 He joined a boxing club with his friends.

    3 He started working with his father.

    4 He joined an amateur ice hockey team.

(28) Why was Maurice called "The Rocket"?

    1 He was very good at boxing.

    2 His teammates loved him.

    3 He was a strong and fast skater.

    4 He played for the Montreal Canadiens.

(29) Maurice is still remembered because there is

    1 a special award with his name.

    2 a professional ice hockey team with his name.

    3 a Canadian city with his name.

    4 a skating school with his name.

(30) What is this story about?

    1 A way to become a professional ice hockey player.

    2 A famous Canadian ice hockey player.

    3 An amateur ice hockey team in Canada.

    4 A new award for young ice hockey players.

ライティング

4

- あなたは，外国人の友達から以下の **QUESTION** をされました。
- **QUESTION** について，あなたの考えとその<u>理由を2つ</u>英文で書きなさい。
- 語数の目安は 25 語〜 35 語です。
- 解答は，解答用紙にあるライティング解答欄に書きなさい。**なお，解答欄の外**<u>**に書かれたものは採点されません。**</u>
- 解答が **QUESTION** に対応していないと判断された場合は，<u>**0点と採点される**</u><u>**ことがあります。**</u>**QUESTION** をよく読んでから答えてください。

QUESTION

What day of the week do you like the best?

リスニングテスト

1 このテストには，第1部から第3部まであります。
◆英文は第1部では一度だけ，第2部と第3部では二度，放送されます。

第1部	イラストを参考にしながら対話と応答を聞き，最も適切な応答を 1，2，3 の中から一つ選びなさい。
第2部	対話と質問を聞き，その答えとして最も適切なものを 1，2，3，4 の中から一つ選びなさい。
第3部	英文と質問を聞き，その答えとして最も適切なものを 1，2，3，4 の中から一つ選びなさい。

2 No. 30 のあと，10秒すると試験終了の合図がありますので，筆記用具を置いてください。

CD1
07

第1部

〔例題〕

※本書の CD では，例題の音声は省略しています。**No.1** から始めてください。

No. 1

No. 2

No. 3

No. 4

No. 5

No. 6

No. 7

No. 8

No. 9

No. 10

No. 11
1 At Jim's family's house.
2 At Jim's friend's house.
3 At a supermarket.
4 At a restaurant.

No. 12
1 Buy a cheesecake.
2 Make a cake herself.
3 Go to the store again.
4 Shop at a different store.

No. 13
1 Becky's father.   2 Becky's brother.
3 Jim's father.   4 Jim's brother.

No. 14
1 Take a train.
2 Go to a new bakery.
3 Make their lunch.
4 Visit their friend's house.

No. 15
1 Ken's new friend.
2 Ken's favorite band.
3 Ken's room.
4 Ken's weekend.

No. 16	1	The girl's team won its game.
	2	The girl got a goal.
	3	The boy went to a soccer game.
	4	The coach was late.

No. 17	1	Yesterday morning.
	2	Last night.
	3	This morning.
	4	At lunchtime.

No. 18	1	He can't see the stars tonight.
	2	It will be cloudy tomorrow.
	3	He can't find the newspaper.
	4	His science homework is hard.

No. 19	1	Return the woman's money.
	2	Get a new washing machine.
	3	Buy a new house.
	4	Visit the woman next month.

No. 20	1	Five kilometers.
	2	Six kilometers.
	3	Ten kilometers.
	4	Thirty kilometers.

| **No. 21** | 1 On the train. | 2 At the station. |
| | 3 By the tennis court. | 4 At her house. |

No. 22
1 Go on a trip.
2 Buy her a pet.
3 Take care of her dog.
4 Visit her grandparents.

No. 23
1 He went shopping.
2 He studied at home.
3 He helped his mother.
4 He worked at a restaurant.

No. 24
1 She couldn't find her brother.
2 She forgot her brother's birthday.
3 The bookstore wasn't open.
4 The book was too expensive.

No. 25
1 Visit his grandparents.
2 Go on a trip with his mother.
3 Teach English at a school.
4 Start learning Chinese.

| No. 26 | 1 Some shoes. | 2 A dress. |
| | 3 A wedding ring. | 4 A hat. |

No. 27	1 This morning.
	2 On Friday evening.
	3 On Saturday evening.
	4 On Sunday morning.

| No. 28 | 1 English. | 2 Math. |
| | 3 Science. | 4 Music. |

No. 29	1 His sister's story was very good.
	2 He met a famous writer.
	3 His sister won a prize.
	4 He found his library book.

No. 30	1 For fifteen minutes.
	2 For thirty minutes.
	3 For one hour.
	4 For two hours.

英検 3 級

2019年度
第2回

2019年10月6日実施
［試験時間］筆記試験（50分）リスニングテスト（約26分）

解答用マークシートを使おう。

解答と解説　本冊 p.087

CD2 トラック番号01-03

次の(1)から(15)までの（　）に入れるのに最も適切なものを 1, 2, 3, 4 の中から一つ選び，その番号のマーク欄をぬりつぶしなさい。

(1) *A* : It's too cold to go swimming.

B : I know. Let's stay home and watch TV (　　　).

1 either　　**2** almost　　**3** instead　　**4** before

(2) Can you tell me the (　　　) of this French word? I don't understand it.

1 dictionary　**2** size　　**3** meaning　**4** reason

(3) *A* : Excuse me. I want to try on this coat. Where's the (　　　) room?

B : It's over there, sir.

1 putting　　**2** picking　　**3** hitting　　**4** fitting

(4) It was a quiet and (　　　) night, so I slept very well.

1 close　　**2** angry　　**3** peaceful　**4** difficult

(5) *A* : Mom, I want to take a shower. Are there any clean (　　　)?

B : Yes, Bobby. There are some in the bathroom.

1 maps　　**2** floors　　**3** handles　　**4** towels

(6) *A* : Are you looking for something, Jun?

B : Yes, my bicycle (　　　). I've looked in all my pockets and my bag.

1 type　　**2** line　　**3** job　　**4** key

(7) *A* : Jack. Clean your shoes before you go to school. They're (　　　).

B : All right, Mom. I'll do it.

1 dirty　　**2** sick　　**3** thirsty　　**4** round

(8) Tom's parents were very proud (　　　　) him when he passed his exam.

 1 by   **2** of   **3** on   **4** from

(9) My new telephone is just the (　　　　) as my brother's.

 1 different   **2** same   **3** true   **4** more

(10) Michael is (　　　　) in computers, but he doesn't have one.

 1 excited   **2** interested **3** difficult   **4** free

(11) *A* : Where did your parents first meet (　　　　) other?

 B : They met in junior high school.

 1 each   **2** so   **3** every   **4** many

(12) My father broke his (　　　　). He couldn't take us to the beach on Saturday because he had to work.

 1 pollution   **2** promise   **3** problem   **4** purpose

(13) John went to school early today (　　　　) volleyball.

 1 to practice **2** practiced   **3** practice   **4** practices

(14) *A* : Do you know (　　　　) made this pumpkin pie? It's delicious!

 B : Patty did. She's a great cook.

 1 when   **2** who   **3** what   **4** how

(15) *A* : Fumiko, your brother goes to university, (　　　　) he?

 B : Yes, he's graduating this year.

 1 wasn't   **2** doesn't   **3** won't   **4** can't

2

(16) **Salesclerk** : Good afternoon, sir. Can I help you?

Customer : No, thanks. I'm just looking.

Salesclerk : All right. Please tell me (　　　　)

1　if I have one.　　　　　　　2　when it will arrive.

3　if you need me.　　　　　　4　when you can come.

(17) **Man** : Why don't we go out to dinner tonight?

Woman : OK. (　　　　　)

Man : Sounds good.

1　What about Italian food?　　2　Let's eat at home.

3　Can you pass the salt?　　　4　I'll clean the table.

(18) **Husband** : Do you like any of the raincoats in this shop?

Wife : (　　　　) I think I'll buy it.

1　It rains a lot during winter.　2　It was a gift from my sister.

3　The red one by the entrance is nice.

4　The sale finished last weekend.

(19) **Girl 1** : I didn't know you had a violin. (　　　　)

Girl 2 : Only once or twice a month.

1　When did you get it?　　　　2　How often do you play it?

3　Was it a present?　　　　　4　Is it an expensive one?

(20) **Boy** : Hurry up, Christine. We need to go to English class.

Girl : (　　　　) I have to get my dictionary from my locker.

1　Three lessons a week.　　　2　Just a little.

3　I know the answer.　　　　4　Wait a minute.

3A

次のお知らせの内容に関して，(21)と(22)の質問に対する答えとして最も適切なもの，または文を完成させるのに最も適切なものを 1，2，3，4 の中から一つ選び，その番号のマーク欄をぬりつぶしなさい。

Notice to Parents

The 8th grade students are going to grow some vegetables at school for their science class. Some students will come to school on May 28 to get the garden ready, and we're looking for five parents to come and help them.

Date: Saturday, May 28
Time: 10 a.m. to 3 p.m.
Where: Meet beside the school pool
What to bring: Something to eat and drink

You need to be strong because there will be many heavy things to carry.

If you can help, please call Mr. Clark, the science teacher, at 344-2323 by May 24.

---

(21) On May 28, the parents should meet

1 at the supermarket.	**2** outside Mr. Clark's classroom.
3 next to the school pool.	**4** in the science room.

---

(22) What will the parents have to do at the school?

1 Teach a science class.

2 Make drinks for the students.

3 Sell vegetables.

4 Carry heavy things.

3B

次の E メールの内容に関して，(23)から(25)までの質問に対する答えとして最も適切なものを 1，2，3，4 の中から一つ選び，その番号のマーク欄をぬりつぶしなさい。

From: Amanda Jarvis
To: George Wilson, Donna Thompson
Date: February 10
Subject: Mr. Ward

Hi George and Donna,
I still can't believe Mr. Ward is leaving our school. He's such a good teacher! I talked to him this afternoon, and he said his wife found a new job at a university in Boston. He said they were going to move there soon. I'm really sad about it, but I hope he enjoys living in Boston. I think his daughter will have a lot of fun there. Donna, at lunchtime today, you said we should buy Mr. Ward a present. I think that's a great idea.
See you soon,
Amanda

From: George Wilson
To: Amanda Jarvis, Donna Thompson
Date: February 11
Subject: Good idea

Hello,
I think getting a present is a good idea, too. Mr. Ward has always been kind to us, so we should give him something nice. I know he likes all sports, but I heard that he loves soccer the best. He enjoys reading, too, so how about a book about soccer? Also, we should ask everyone in our class to help. If everyone gives a little money, we'll be able to get him something really special.
George

From: Donna Thompson
To: George Wilson, Amanda Jarvis
Date: February 11
Subject: Gift

Hi George and Amanda,
I agree with George. Let's ask our classmates to help. If everyone gives $5, we'll have $100. Then, we can buy him something better than a book. His favorite soccer team is the Panthers, right? I saw a really cool Panthers clock on the Internet the other day. It was about $100. If we can collect enough money, I think we should buy him that. What do you think?
See you on Monday,
Donna

(23) Why is Mr. Ward going to move?

1 He will stop teaching.

2 He wants to go back to university.

3 His daughter lives in Boston.

4 His wife got a new job.

(24) What did George hear about Mr. Ward?

1 His favorite sport is soccer.

2 He has a lot of nice things.

3 His classes are really boring.

4 He wrote a book about soccer.

(25) What does Donna want to give Mr. Ward?

1 Some money.

2 A clock.

3 A soccer ball.

4 A book.

^{つぎ}次の^{えいぶん}英文の^{ないよう}内容に^{かん}関して，⒲から⒇までの^{しつもん}質問に^{たい}対する^{こた}答えとして^{もっと}最も^{てきせつ}適切なもの，または^{ぶん}文を^{かんせい}完成させるのに^{もっと}最も^{てきせつ}適切なものを 1, 2, 3, 4 の^{なか}中から^{ひと}一つ^{えら}選び，その^{ばんごう}番号のマーク^{らん}欄をぬりつぶしなさい。

Grand Central Terminal

One of New York City's most famous symbols is Grand Central Terminal. This is the city's main train station. About 750,000 people walk through it every day.

When the station was first built in 1871 by a man named Cornelius Vanderbilt, it was called Grand Central Depot. In 1901, a larger building was built and named Grand Central Station. However, that building was closed because of a big train accident in 1902. In 1913, a new and even bigger station was opened, and it was given the name Grand Central Terminal. This is the one that people can still see today.

Grand Central Terminal has 44 platforms.* That is more than any other train station in the world. It also has 67 train tracks.* The main hall is called the Main Concourse, and it is very big. The windows are about 23 meters high. The Main Concourse has many interesting things to look at. In the middle, there is a famous clock made of opal. Opal is a very expensive stone, so it cost millions of dollars. Many people meet their friends by the clock.

On the ceiling* of the Main Concourse, there is a picture of the night sky with 2,500 bright stars. This ceiling was made in 1912, but it was covered in 1944 because it was old and rainwater was coming into the building. From 1996 to 1998, the ceiling was cleaned and fixed. Now, it is one of the most beautiful parts of the building.

*platform: (駅の)ホーム　*track: 線路　*ceiling: 天井

(26) In 1871, the name of New York City's main train station was
1 Grand Central Terminal.
2 Grand Central Station.
3 Grand Central Depot.
4 the Main Concourse.

(27) What happened in 1902?
1 Grand Central Depot was built.
2 There was a bad accident at Grand Central Station.
3 A new Grand Central Terminal was opened.
4 A man named Cornelius Vanderbilt was born.

(28) Why did the clock cost millions of dollars?
1 It has many stars with bright lights in it.
2 It has a picture of famous people on it.
3 It is made of an expensive stone.
4 It is 23 meters high.

(29) What was cleaned and fixed in the Main Concourse?
1 The ceiling.
2 The platforms.
3 The clock.
4 The windows.

(30) What is this story about?
1 Traveling around the United States by train.
2 The life of Cornelius Vanderbilt.
3 A new art museum in New York City.
4 A famous place in New York City.

ライティング

- あなたは，外国人の友達から以下の **QUESTION** をされました。
- **QUESTION** について，あなたの考えとその**理由を2つ**英文で書きなさい。
- 語数の目安は 25 語〜 35 語です。
- 解答は，解答用紙にあるライティング解答欄に書きなさい。**なお，解答欄の外に書かれたものは採点されません。**
- 解答が **QUESTION** に対応していないと判断された場合は，**0点と採点されることがあります。** **QUESTION** をよく読んでから答えてください。

QUESTION

Which do you eat more often, rice or bread?

リスニングテスト

1 このテストには，第1部から第3部まであります。
◆英文は第1部では一度だけ，第2部と第3部では二度，放送されます。

第1部	イラストを参考にしながら対話と応答を聞き，最も適切な応答を1，2，3の中から一つ選びなさい。
第2部	対話と質問を聞き，その答えとして最も適切なものを1，2，3，4の中から一つ選びなさい。
第3部	英文と質問を聞き，その答えとして最も適切なものを1，2，3，4の中から一つ選びなさい。

2 No. 30 のあと，10秒すると試験終了の合図がありますので，筆記用具を置いてください。

CD2 01

第1部

〔例題〕

※本書のCDでは，例題の音声は省略しています。**No.1から始めてください。**

No. 1

No. 2

No. 3

No. 4

No. 5

No. 6

No. 7

No. 8

No. 9

No. 10

第**2**部

No. 11	**1** At 12:15 p.m.	**2** At 12:50 p.m.
	3 At 1:00 p.m.	**4** At 1:45 p.m.

No. 12
1 Play tennis with Meg.
2 Watch tennis on TV.
3 Go shopping with Meg.
4 Buy a new tennis racket.

No. 13
1 It was too expensive.
2 He was far from the mountains.
3 He had a bad headache.
4 There wasn't enough snow.

No. 14
1 Play with a friend.
2 Visit a zoo.
3 Go to his grandfather's house.
4 Go on a trip with his friends.

No. 15
1 Eat breakfast.
2 Get her books.
3 Brush her teeth.
4 Wash her face.

No. 16	1	One dollar.	2	Four dollars.
	3	Ten dollars.	4	Fifteen dollars.

No. 17
1 The girl.
2 The girl's brother.
3 The girl's mother.
4 The girl's grandmother.

No. 18
1 In a library.
2 In a convenience store.
3 In a post office.
4 In a bank.

No. 19
1 Pick up Sam.
2 Clean the house.
3 Buy dinner.
4 Call her friend.

No. 20
1 Her passport.
2 Her ticket.
3 Her watch.
4 Her car keys.

No. 21	1 Going fishing.	2 Buying lunch.
	3 His father's job.	4 His favorite fish.

No. 22	1 For one week.
	2 For three weeks.
	3 For one year.
	4 For three years.

No. 23	1 His friend.
	2 His friend's parents.
	3 His father.
	4 His grandfather.

No. 24	1 In Australia.	2 In Canada.
	3 In Europe.	4 In Asia.

No. 25	1 He is a carpenter.
	2 He is an actor.
	3 He is a cook.
	4 He is a teacher.

No. 26	1 15.	2 50.
	3 85.	4 100.

No. 27	1 To buy a book.
	2 To ask about a job.
	3 To look for a magazine.
	4 To meet a writer.

No. 28	1 Tom saw a snake.
	2 Tom watched a scary movie.
	3 Tom cleaned his house.
	4 Tom got lost in the forest.

No. 29	1 At 1:00.	2 At 5:30.
	3 At 6:00.	4 At 6:30.

No. 30	1 She took some art classes.
	2 She visited France.
	3 She met her husband's family.
	4 She studied Italian.

英検 **3** 級

2019年度 第3回

2020年1月26日実施
[試験時間]筆記試験（50分）リスニングテスト（約26分）

解答用マークシートを使おう。

解答と解説　本冊 p.115

CD2 トラック番号04-06

1

次の⑴から⒂までの（　　）に入れるのに最も適切なものを 1, 2, 3, 4 の中から一つ選び，その番号のマーク欄をぬりつぶしなさい。

⑴ **A** : Do you want to play another game of tennis?

B : No, let's stop. It's getting too (　　　　) to see the ball.

1 free　　　**2** dark　　　**3** high　　　**4** silent

⑵ **A** : Can you (　　　　) this word to me? I don't understand it.

B : Sure. It's not difficult.

1 sell　　　**2** save　　　**3** excuse　　　**4** explain

⑶ **A** : Don't (　　　　) the street now, Fred. Look. The light is red.

B : OK, Mom.

1 start　　　**2** cross　　　**3** finish　　　**4** mean

⑷ **A** : Let's (　　　　) a pizza for dinner tonight, Frank.

B : That's a great idea, Mom.

1 pull　　　**2** guess　　　**3** contact　　　**4** order

⑸ Patty has a large (　　　　) of old teacups that she never uses.

1 space　　　**2** planet　　　**3** habit　　　**4** collection

⑹ **A** : I forgot to give these flowers water for a week, so they (　　　　).

B : That's too bad.

1 listened　　　**2** died　　　**3** wrote　　　**4** made

⑺ I (　　　　) up in London and came to Tokyo three years ago.

1 lost　　　**2** grew　　　**3** knew　　　**4** became

(8) *A* : Do you come to school by bike, Mr. Grant?

B : No, Bob. I live ( ) away. I come by car.

1 fast **2** soon **3** far **4** little

(9) When Keiko woke up this morning, it was ( ) late that she didn't have time for breakfast.

1 any **2** too **3** as **4** so

(10) *A* : Hello. This is Tom. May I speak to Luke?

B : Sure. ( ) on, please.

1 Make **2** Pull **3** Hold **4** Decide

(11) *A* : Cindy is late. Let's start the meeting.

B : Yes, I'm ( ) of waiting.

1 upset **2** tired **3** silent **4** crowded

(12) *A* : Are you going to Okinawa on ( )?

B : No, I'm going there on vacation.

1 business **2** company **3** office **4** job

(13) My school has students from all over the world. Many languages are ( ) there.

1 speak **2** spoke **3** spoken **4** speaking

(14) If it ( ) tomorrow, I'll stay home and read.

1 rain **2** rains **3** to rain **4** raining

(15) Many people think that Tokyo is ( ) than most big cities in the world.

1 safe **2** safer **3** safest **4** safely

次の(16)から(20)までの会話について，（　　）に入れるのに最も適切なものを 1，2，3，4 の中から一つ選び，その番号のマーク欄をぬりつぶしなさい。

(16)　　**Mother** : How was your school trip to Kyoto?

　　Daughter : (　　　　　) I hope I can go back one day.

　　1　We're leaving next week.　　**2**　I had a great time.

　　3　I found it in the hotel.　　**4**　I'll ask my teacher.

(17)　　　　**Wife** : Is the chicken ready to eat?

　　Husband : I don't know. (　　　　) the oven.

　　　　Wife : Thanks.

　　1　I'll sell　　　　　　　　**2**　I'll go and check

　　3　I'll clean　　　　　　　**4**　I'll choose and buy

(18)　**Girl** : It's really hot today. (　　　　　)

　　Boy : Great idea.　Let's go to the pool by the bus station.

　　1　Why did you get me a ticket?

　　2　Why did you buy another swimsuit?

　　3　Why don't we go swimming?

　　4　Why don't we stay home?

(19)　**Boy** : Have you lost something?

　　Girl : Yes, my bicycle key. (　　　　　) but I can't find it.

　　1　I've looked everywhere for it,

　　2　It's right in front of you,

　　3　Your bike is really nice,

　　4　You should ride it more carefully,

(20)　**Daughter** : Is there any butter in the fridge?

　　　Father : A little. (　　　　)

　　Daughter : About 100 grams.

　　1　How much do you need?　　**2**　What kind do you like?

　　3　How long will it take?　　**4**　What time did you start?

3A

次の掲示の内容に関して，(21)と(22)の質問に対する答えとして最も適切なものを 1，2，3，4 の中から一つ選び，その番号のマーク欄をぬりつぶしなさい。

Parade for the Sharks

Springfield's women's soccer team, the Springfield City Sharks, won the final of the national tournament last week. To celebrate, there will be a parade on June 12. Put on your Sharks T-shirts and come and see your favorite players!

When: June 12 from 2 p.m. to 4 p.m.

Where: It will start inside Springfield Stadium and end in the gardens in front of Springfield Museum.

The players will give hundreds of blue and white Sharks towels to fans during the parade. If you're lucky, you'll be able to get one! There will also be speeches from the coach and some of the players.

---

19 年度

第 3 回

(21) Where will the parade finish?

1 In front of a museum.   **2** Inside a stadium.

3 Beside a sports store.   **4** At Springfield City Hall.

---

(22) What will some people be able to receive at the parade?

1 Soccer balls.   **2** Tickets to a soccer match.

3 Sharks towels.   **4** Blue and white T-shirts.

次のＥメールの内容に関して，(23)から(25)までの質問に対する答えとして最も適切なもの，または文を完成させるのに最も適切なものを 1，2，3，4 の中から一つ選び，その番号のマーク欄をぬりつぶしなさい。

From: Gina Matthews
To: Kara Johnson
Date: January 12
Subject: Ski trip

....

Hi Kara!
Did you go to the meeting about the school ski trip this afternoon? I forgot about it and went to the library to study for tomorrow's social studies test. Did Ms. Morrison say anything important at the meeting? I'm really looking forward to the ski trip this year. I couldn't go last year because I was sick.
Thanks,
Gina

From: Kara Johnson
To: Gina Matthews
Date: January 12
Subject: The meeting

....

Hi Gina,
Don't worry about missing the meeting. It was really short. The first thing Ms. Morrison talked about was the bus schedule. One small change was made. It'll now leave from our school at four o'clock on Friday afternoon, not 3:30. We'll arrive at the hotel at around 7 p.m. The return time on Sunday hasn't changed. We'll get back to our school at 5:30. Also, you need to give the money for the trip to Ms. Morrison by January 17. This trip is going to be really fun. Let's sit together on the bus!
See you tomorrow,
Kara

From: Gina Matthews
To: Kara Johnson
Date: January 12
Subject: Thanks!

Hi Kara,

Thanks for the information about the meeting. I paid for the trip last Monday. Also, I have some good news. My dad is going to buy me a new ski jacket before the trip! I'm going to choose one after school tomorrow. I really like your pink jacket, so I want to get the same color. And yes, let's sit together on the bus. I'm going to take a joke book with me, so let's read that together on the way.

Thanks again,

Gina

(23) What happened to Gina today?

1 She had to take a test.

2 She forgot about a meeting.

3 She became sick at the library.

4 She lost the money for the trip.

(24) What time will the bus leave the school on Friday?

1 At 3:30.

2 At 4:00.

3 At 5:30.

4 At 7:00.

(25) Gina wants to

1 get a pink ski jacket.

2 buy some new skis.

3 borrow Kara's joke book.

4 pay for the trip on Monday.

3C

次の英文の内容に関して，(26)から(30)までの質問に対する答えとして最も適切なもの，または文を完成させるのに最も適切なものを 1, 2, 3, 4 の中から一つ選び，その番号のマーク欄をぬりつぶしなさい。

The Bluenose

Around the world, many people love to ride on boats in summer. There are many different kinds of boats. For example, sailboats use the power of the wind to move over the water, and they are very popular. One of the most famous sailboats in history was called the Bluenose.

The first Bluenose was built in 1921 in Nova Scotia, Canada. It was used for both fishing and racing. In October 1921, the Bluenose took part in a famous boat race and won first prize. From then, the Bluenose became well known. It also won the same race in 1922 and 1923. During the 1920s, it was the fastest sailboat in the North Atlantic Ocean, so people called it the "Queen of the North Atlantic."

The Bluenose used the power of the wind, but it was not as fast as newer boats with engines.* People liked boats with engines because they were powerful and easy to use. These boats became very popular in the 1930s, so the captain and owner of the Bluenose sold it in 1942.

Sadly, after the Bluenose was sold, it hit a coral reef* in the ocean and sank. However, many Canadians still remembered it. They loved the story about the Bluenose, so a company decided to build a new Bluenose in 1963. It was given to the people of Nova Scotia in 1971, and people can still see and ride on it today. There is even a picture of the Bluenose on a Canadian coin. The Bluenose will never be forgotten.

*engine: エンジン
*coral reef: サンゴ礁

(26) The first Bluenose was made in

1 1920.		**2** 1921.	
3 1922.		**4** 1923.	

(27) Why was the Bluenose called the "Queen of the North Atlantic"?
1 It was given to a queen.
2 It was used to catch many fish.
3 It was very beautiful.
4 It was very fast.

(28) Why was the first Bluenose sold in 1942?
1 The owner of the boat got sick.
2 It hit a coral reef and needed to be fixed.
3 A new Bluenose was built.
4 Newer boats with engines became popular.

(29) What happened in 1971?
1 A picture of the first Bluenose was made by a famous artist.
2 A movie was made about the history of Nova Scotia.
3 A new Bluenose was given to the people of Nova Scotia.
4 A special coin was given to the captain of the first Bluenose.

(30) What is this story about?
1 Sailboats from around the world.
2 Races for sailboats.
3 A famous Canadian sailboat.
4 A company that makes sailboats.

ライティング

4

- あなたは，外国人の友達から以下の QUESTION をされました。
- QUESTION について，あなたの考えとその**理由を2つ**英文で書きなさい。
- 語数の目安は 25 語〜 35 語です。
- 解答は，解答用紙にあるライティング解答欄に書きなさい。**なお，解答欄の外に書かれたものは採点されません。**
- 解答が QUESTION に対応していないと判断された場合は，**0点と採点されることがあります。** QUESTION をよく読んでから答えてください。

QUESTION

Do you like cooking for your family?

リスニングテスト

1 このテストには，第1部から第3部まであります。
◆英文は第1部では一度だけ，第2部と第3部では二度，放送されます。

第1部	イラストを参考にしながら対話と応答を聞き，最も適切な応答を 1, 2, 3 の中から一つ選びなさい。
第2部	対話と質問を聞き，その答えとして最も適切なものを 1, 2, 3, 4 の中から一つ選びなさい。
第3部	英文と質問を聞き，その答えとして最も適切なものを 1, 2, 3, 4 の中から一つ選びなさい。

2 No. 30 のあと，10 秒すると試験終了の合図がありますので，筆記用具を置いてください。

CD2
04

第1部

〔例題〕

※本書の CD では，例題の音声は省略しています。
No.1 から始めてください。

No. 1

No. 2

No. 3

No. 4

No. 5

No. 6

No. 7

No. 8

No. 9

No. 10

No. 11
1 She's a nurse.
2 She's a doctor.
3 She's a science teacher.
4 She's a college student.

No. 12
1	The boy.	2	The girl.
3	The boy's father.	4	The girl's father.

No. 13
1	At 1:00.	2	At 2:00.
3	At 3:00.	4	At 4:00.

No. 14
1	Make dinner.	2	Get some meat.
3	Buy some carrots.	4	Wash the vegetables.

No. 15
1 Pam's favorite shop.
2 Pam's favorite animal.
3 Pam's clothes.
4 Pam's weekend plans.

19
年
度

第
3
回

No. 16	1 Buy a computer.
	2 Buy some tickets.
	3 Go to a fashion show.
	4 Go to the town hall.

| No. 17 | 1 By bus. | 2 By car. |
| | 3 By bike. | 4 On foot. |

No. 18	1 Her school.
	2 Her house.
	3 Her father's office.
	4 Her friend's house.

No. 19	1 Buy a blue shirt.
	2 Exchange his shirt.
	3 Get his money back.
	4 Find another store.

No. 20	1 He has to go to rugby practice.
	2 He will watch a rugby game.
	3 He has to study at home.
	4 He will get ready for a vacation.

No. 21
1 She likes cooking.
2 She likes working hard.
3 She can eat a lot of food.
4 She can meet many people.

No. 22
1 Henry's.   2 Mark's.
3 Janet's.   4 Lisa's.

No. 23
1 She bought the wrong CD.
2 She left her CD on the train.
3 Her friend was not at home.
4 Her room is not clean.

No. 24
1 On Tuesday.   2 On Wednesday.
3 On Thursday.   4 On Friday.

No. 25
1 Go for a run.
2 Call her father.
3 Write to her friend.
4 Clean her room.

19年度

第**3**回

| No. 26 | 1 At a school. | 2 At a stadium. |
| | 3 In a sports store. | 4 In a restaurant. |

No. 27	1 Her new hiking boots.
	2 Her favorite day of the week.
	3 Her plans for the weekend.
	4 Her friend's dance club.

No. 28	1 Buying a new house.
	2 Having lunch with her brother.
	3 Eating at her favorite restaurant.
	4 Living by herself.

| No. 29 | 1 Two months old. | 2 Six months old. |
| | 3 Two years old. | 4 Three years old. |

No. 30	1 A restaurant closed.
	2 A new store opened.
	3 The man took a cooking class.
	4 The man went to Spain.

英検 **3** 級

合格力
チェックテスト

[試験時間] 筆記試験（50分）リスニングテスト（約25分）

解答用マークシートを使おう。

解答と解説　本冊 p.143

CD2 トラック番号07-09

3級 合格力チェックテスト

1

次の(1)から(15)までの（　　）に入れるのに最も適切なものを 1, 2, 3, 4 の中から一つ
選び, その番号のマーク欄をぬりつぶしなさい。

(1) Tom's character is (　　　　) from his brother John, but they have the same hobbies and go everywhere together.

    1 different   **2** difficult   **3** delicious   **4** dangerous

(2) *A* : I like these running shoes very much. I want to have (　　　　) pair of these.

    B : I'm afraid we don't have those shoes anymore.

    1 other   **2** all   **3** another   **4** anything

(3) *A* : You have (　　　　) a nice bicycle, Thomas. When did you get it?

    B : My grandfather gave it to me for my birthday last week.

    1 many   **2** each   **3** any   **4** such

(4) *A* : Excuse me, I'm looking for the City Library. Would you please tell me the way?

    B : Ah, I'm going there, too. Please (　　　　) me.

    1 follow   **2** meet   **3** invite   **4** show

(5) *A* : It's beginning to snow. Drive very (　　　　) on the way home.

    B : I will, thank you.

    1 early   **2** carefully   **3** fast   **4** brightly

(6) My father's office is in this building. It's on the fourth (　　　　).

    1 elevator   **2** plan   **3** habit   **4** floor

(7) **A** : How about (　　　) our parents to our English speech contest?

B : That's a good idea. Let's start writing a letter.

1 speaking　**2** finishing　**3** inviting　**4** answering

(8) I always call my parents when I get to the station. If I don't, they (　　　) about me.

1 save　**2** wait　**3** keep　**4** worry

(9) When the members won the final game of the soccer tournament, they were (　　　) with happiness.

1 covered　**2** filled　**3** finished　**4** crowded

(10) I ate a (　　　) of apple pie at the new restaurant near my house. It was delicious.

1 slice　**2** dish　**3** order　**4** example

(11) **A** : How should I study for the English test?

B : (　　　) of all, you should read a lot of English.

1 Anytime　**2** After　**3** First　**4** Early

(12) Takashi's house is near my house. We grew up together, so we know (　　　) other very well.

1 one　**2** both　**3** all　**4** each

(13) Susan is planning a trip to Japan this summer, so she bought a guidebook (　　　) in English.

1 write　**2** writes　**3** written　**4** writing

(14) **A** : You were at the department store yesterday, (　　　) you?

B : Yes, I was looking for a coat.

1 aren't　**2** weren't　**3** didn't　**4** couldn't

(15) The Japanese test today was much (　　　) than the one last week, so everybody seemed relaxed.

1 easy　**2** easier　**3** easiest　**4** as easy

2

(16) **Woman A** : Happy birthday, Cindy. Thank you for inviting me to your party.

Woman B : Not at all. We prepared a lot of food. (　　　)

1　You are a good cook.　　　2　It's very kind of you.

3　Please help yourself.　　　4　I'm full, thank you.

(17) **Man** : May I talk to Nancy, please? Is she home now?

Woman : Yes, she is. (　　　) I'll call her here.

1　She's at school now.　　　2　Just a minute.

3　She went out just now.　　　4　That's very nice of you.

(18) **Coach** : You didn't come to baseball practice last Saturday. (　　　)

Student : Ah, I felt a little sick, but I'm OK now.

Coach : I'm glad to hear that. But take it easy today.

1　How about next Sunday?　　　2　What's your favorite sport?

3　Practice hard.　　　4　What was the matter?

(19) **Boy** : Have you seen my baseball glove?

Girl : No, I haven't. (　　　)

Boy : I put it here on the desk after practice.

1　This is your glove.　　　2　May I borrow yours?

3　This is a baseball bat.　　　4　Where did you have it last?

(20) **Student** : This is so much homework! Do we have to finish it by tomorrow?

Teacher : No, (　　　)

1　today is Friday.　　　2　don't worry. I can do it.

3　I came here yesterday.　　　4　by Friday will be OK.

次の掲示の内容に関して，(21)と(22)の質問に対する答えとして最も適切なもの，または文を完成させるのに最も適切なものを 1, 2, 3, 4 の中から一つ選び，その番号のマーク欄をぬりつぶしなさい。

Santa Cruz Seaside Park

For our 100th anniversary, we will have events this summer.

● **Song Contest**

Join the song contest on August 7. Sing in front of a big audience. The three best singers or groups win prizes.

Rules

– One, two or three people may sing together.

– Words about the sea should be included in the song.

– Visit our website and sign up.

– Come by 10 : 00 a.m. on the day.

● **Special Photos**

A professional photographer will take a photo of you for $3.00. The words 'Santa Cruz Seaside Park 100th anniversary' will be written on the photo.

---

(21) All people who join the contest will

1 play musical instruments.　　2 sing a song about the sea.

3 sing alone.　　4 get a prize.

---

(22) What can people buy for $3.00?

1 A ticket to the park.　　2 A songbook.

3 A photo of themselves.　　4 The history book of the park.

From: Yuri Ito
To: Wendy Harding
Date: July 11
Subject: Visiting Awaji Island

....

Dear Wendy,
I told you at school that my grandparents live on Awaji Island. My family and I are going to go to my grandparents' house by car next weekend. Please join us. Of course, you can stay at my grandparents' house with us. My father will drive us on Saturday and we will return the next day. We will cross a huge* bridge. You can see the sea from the bridge. Best of all, there are fireworks that weekend!
Your friend,
Yuri

From: Wendy Harding
To: Yuri Ito
Date: July 12
Subject: The trip with your family

....

Dear Yuri,
Your plan sounds great! I have taken some trips by train since I came to Kyoto, but I have never taken a trip by car. I would love to join you. I want to take many wonderful pictures to show my family. I have a question for you. What time will we return to Kyoto on Sunday? I think my parents will let me go, and I want to tell them the details.*
Your friend,
Wendy

From: Yuri Ito
To: Wendy Harding
Date: July 12
Subject: Details of the trip

Dear Wendy,
OK, here are the details of our trip:
We hope to leave at 8:00 a.m. on that Saturday. Please come to my house by 7:45. My father lived on Awaji Island until he started a college. He knows where to take pictures. He will take us to many spots and you can take wonderful pictures there.
At 3:00 p.m. on Sunday, we will leave my grandparents' house. We will arrive at my house at about 6:00 p.m.
Yuri

*huge: とても大きい
*detail: 詳細

(23) What does Yuri invite Wendy to do with her family?
- 1 Visit Kyoto.
- 2 Go to a school festival.
- 3 Welcome her grandparents.
- 4 Take a trip by car.

(24) What does Wendy ask about?
- 1 How to go to the island.
- 2 Which train to take.
- 3 When they go back home.
- 4 Where to take pictures.

(25) On Sunday at 3:00 p.m., they will
- 1 cross a huge bridge.
- 2 see fireworks.
- 3 start for Kyoto.
- 4 arrive in Kyoto.

次の英文の内容に関して，(26)から(30)までの質問に対する答えとして最も適切なもの，または文を完成させるのに最も適切なものを 1, 2, 3, 4 の中から一つ選び，その番号のマーク欄をぬりつぶしなさい。

April Fools' Day Traditions in France

Every spring, children in France have fun on April 1. They try to stick* a drawing of a fish on the backs of people. First, children prepare many drawings of fish. They cut out each fish from paper. Then, they put some tape on the fish so that it will stick on clothes. Children want to stick their fish on the backs of as many people as possible. They try to do it quickly and quietly so that they won't be caught by people. They cry out "April fish" and run away.

Long ago, France had many different dates to start the new year. The most popular one was March 25. New Year's parties were held till April 1 and people gave gifts to each other. In 1564, the King made a new law.* It said everyone must use the same New Year's Day, January 1. However, some people were not happy about the new law. They still celebrated April 1. This is the beginning of April fools.

Perhaps, the fish on April 1 was a New Year's gift. But, why was the gift a fish? What did it mean? The old New Year's Day and New Year's parties were near Easter.* Before Easter, some people did not eat meat, but they ate fish. A fish was a welcome gift in the season.

Gradually,* tricks began. People gave something that looked like a fish as a gift. Also, giving a picture of a fish began. Now, April 1 and paper fish are truly connected* for French children.

*stick: 〜をはりつける　　*law: 法律
*Easter: イースター（キリストの復活を祝う祭り）
*gradually: 次第に　　*connected: 関係のある

(26) What do children in France prepare for April 1?
　　1　Gift-wrapping papers.　　**2**　Fishing boats.
　　3　Fish-eating parties.　　**4**　Fish drawings.

(27) In the past, April 1 was a time to
　　1　have a New Year's party.　　**2**　cook meat for dinner.
　　3　draw pictures.　　**4**　go to the sea.

(28) Who changed the date of New Year's Day?
　　1　Children.　　**2**　All people.
　　3　The King.　　**4**　Old people.

(29) Why did some people eat fish during Easter a long time ago?
　　1　Children caught many fish in the spring.
　　2　They could not eat meat.
　　3　It was the only gift they had.
　　4　The King liked to eat fish.

(30) What is this story about?
　　1　A food children like to eat.
　　2　The best way to catch fish.
　　3　How to make a new law.
　　4　A French children's game.

ライティング

4

- あなたは，外国人の友達から以下の QUESTION をされました。
- QUESTION について，あなたの考えとその**理由を2つ**英文で書きなさい。
- 語数の目安は25語～35語です。
- 解答は，解答用紙にあるライティング解答欄に書きなさい。**なお，解答欄の外に書かれたものは採点されません。**
- 解答が QUESTION に対応していないと判断された場合は，**0点と採点されることがあります。** QUESTION をよく読んでから答えてください。

QUESTION

Where do you want to go in Japan?

リスニングテスト

1 このテストには，第1部から第3部まであります。
◆英文は第1部では一度だけ，第2部と第3部では二度，放送されます。

> **第1部** イラストを参考にしながら対話と応答を聞き，最も適切な応答を1，2，3の中から一つ選びなさい。

> **第2部** 対話と質問を聞き，その答えとして最も適切なものを1，2，3，4の中から一つ選びなさい。

> **第3部** 英文と質問を聞き，その答えとして最も適切なものを1，2，3，4の中から一つ選びなさい。

2 No. 30のあと，10秒すると試験終了の合図がありますので，筆記用具を置いてください。

CD2
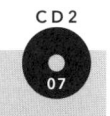

第1部

No. 1

No. 2

No. 3

No. 4

英検3級

合格力チェックテスト

No. 5

No. 6

No. 7

No. 8

No. 9

No.10

No. 11	1	A student from Canada.
	2	A student from France.
	3	A student from Taiwan.
	4	A student from Korea.

| No. 12 | 1 | For one day. | 2 | For eight hours. |
| | 3 | For seven hours. | 4 | For one hour. |

| No. 13 | 1 | Fifteen minutes. | 2 | Five minutes. |
| | 3 | Thirty minutes. | 4 | Two minutes. |

No. 14	1	Every day.
	2	Every Saturday and Sunday.
	3	On weekdays.
	4	On weekends.

No. 15	1	In his car.
	2	On the bus.
	3	At the car repair shop.
	4	With the woman.

No. 16	1	Having dinner.
	2	Cleaning his room.
	3	Doing his homework.
	4	Washing his hands.

No. 17	1	Some flowers.
	2	A drawing of his grandmother.
	3	A picture of roses.
	4	A photo album.

No. 18	1	He did not get an invitation.
	2	He is sick now.
	3	He has to be with his sister.
	4	He does not like parties.

No. 19	1	A new pet.
	2	Today's weather.
	3	A fast runner.
	4	A bike.

No. 20	1	He has a headache.
	2	He got up late.
	3	He lost his guitar.
	4	He has to study for a test.

| No. 21 | 1 At 4:30. | 2 At 6:00. |
| | 3 Around 7:00. | 4 Around 10:00. |

No. 22
1 The beginning of the school festival.
2 How to invite students to the festival.
3 The party at night.
4 The winner of the contest.

No. 23
1 Get a new student.
2 Take a trip to Australia.
3 Have a party.
4 Clean their classroom.

No. 24
1 The one in Nagoya.
2 The one in Matsumoto.
3 The one in Himeji.
4 The one in Kumamoto.

No. 25
1 Playing in the afternoon.
2 Going to the mall.
3 Watching some games.
4 Eating lunch.

No. 26	1	A hat for Nancy.
	2	A bag for Cindy.
	3	A bag for Cindy's mother.
	4	A hat for Nancy's mother.

No. 27	1	He had a cold.
	2	He had a lot of homework.
	3	He didn't play tennis.
	4	He had to make dinner for his family.

No. 28	1	The girl's mother.
	2	The girl's father.
	3	The girl's grandfather.
	4	The girl's friend.

No. 29	1	His family.
	2	Being late for school.
	3	His new school life.
	4	His future plan.

No. 30	1	Once.
	2	Twice.
	3	Three times.
	4	Four times.

英検 3 級

二次試験
（面接）

解答と解説　本冊 p.171

二 次 試 験 の 流 れ

一次試験合格通知がくると，次に待っているのが二次試験（面接）です。
英検 3 級の二次試験は面接委員と受験者の 1 対 1 で，すべてのコミュニケーションは英語で行われます。所要時間は約 5 分です。二次試験がどのように行われるのか，おおまかな流れを紹介しますので，確認しておきましょう。
（面接委員の指示などの英語表現は 1 つの例です。実際の試験では表現が異なる場合がありますので，注意してください。）

1 　入室〜着席

▼　入室したら，まず面接委員に対して Hello. や Good morning[afternoon]. のようにあいさつをしましょう。
面接委員から Can I have your card? （カードを渡してくれますか。）などと指示されるので，Here you are. （どうぞ。）などと言いながら「面接カード」を手渡します。Please sit down. と座るよう指示されたら，Thank you. と応じて，着席しましょう。

2 　名前・受験級の確認

▼　面接委員に名前をたずねられるので，My name is 〜 . と答えましょう。そして，これが 3 級のテスト（the third grade test）であることも念のため確認されます。
名前と受験級の確認が終わると，How are you? などの簡単な質問（あいさつ）をされるので，落ち着いて，I'm fine, thank you. などと応じましょう。

3 問題カードの黙読

▼ 面接委員から，英文（パッセージ）とイラストが印刷された「問題カード」を 1 枚だけ手渡されるので，Thank you. と言って受け取りましょう。

Please read the passage silently for twenty seconds. （20 秒間，英文を声に出さずに読んでください。）と指示されたら，問題カードの英文を 20 秒間で黙読します。（このあとの音読に備えて，ここで英文の意味をしっかり理解しておきましょう。）

4 問題カードの音読

▼ Now, please read it aloud.（では，声に出して読んでください。）と指示されたら，英文を音読します。英文の内容が面接委員に正確に伝わるように，意味のまとまりを意識して読むことを心がけましょう。
発音だけでなく，「意味を理解したうえで読んでいる」ということが面接委員に伝わるかどうかがポイントです。

5 質問に答える

▼ 音読が終わると，英文とイラストについての面接委員からの質問に移ります。
質問には，主語と動詞がある完全な文で答える必要があります。
質問がよく聞き取れなかったときは，間をおかず，すぐに I beg your pardon? / Pardon? / Excuse me? などと言って聞き返しましょう。質問の内容は次のページを見てください。
（同じ質問を何度も聞き返すと減点の対象になるので，注意しましょう。）

質問の内容

No.1 | 問題カードの英文 (passage) の内容についての質問

No.2
No.3 | 問題カードのイラストについての質問

※No.1 〜 No.3 の質問に答えるときは, 問題カードを見てもかまいません。

No.4 | 日常生活の身近な事柄に関する受験者自身のこと
No.5 | (好みや予定などについての質問)

※No.3 の質問に答え終わると, Now, Mr. / Ms. 〜 , please turn the card over. (では, 〜さん, 問題カードを裏返してください。) と言われるので指示に従いましょう。

※ No.4 以降の質問は, 問題カードについて答えるものではなく, あなた自身のことについて答えるものになります。ひと通りに決まった答えがあるわけではないので, あなた自身のことを自由に答えましょう。適切な英語で答えることができるかどうかが評価されます。

※最後の No. 5 は, 2 つの質問からなる「ペア・クエスチョン」という形式です。1 つ目の質問に対するあなたの答えを受けて, さらにもう 1 つ質問されるので, 注意しましょう。

6 問題カードの返却〜退室

▼ 質問が終わると, 面接委員から May I have your card back, please? (カードを返却してください。) と指示されるので, Here you are. などと言ってカードを返却しましょう。

退室を指示されたら, Thank you very much. などとお礼を述べ, Goodbye. と別れのあいさつをしてから退室しましょう。退室後は, 控え室に戻ったり, 待機中の受験者と会話したりすることは禁じられています。

英検二次試験対策 オンラインレッスン

インターネットを使って，好きな時間に英検二次試験（面接）対策のレッスンを受けられるオンラインレッスンがあります。実際の二次試験の流れを体験しながら，外国人の講師が合格のためのアドバイスをしてくれます。試験本番前に，オンラインレッスンで実際の試験の流れを確認し，英語を話す練習をしておきましょう。

※受講には，オンライン英会話会社への会員登録・受講料のお支払いと，インターネットに接続できる環境が必要です。「Web カメラ」と「ヘッドセット，またはマイクとスピーカー」をご用意ください。（パソコンに内蔵されている場合は不要です。）レッスンは予告なく変更・受付停止・終了する場合がございます。詳しくは下記ウェブサイトでご確認ください。オンラインレッスンでは，実際の英検で出題された問題をもとに作成した独自の練習問題を使用します。

英検二次試験対策オンラインレッスンでできること

二次試験の流れが確認できる！

オンラインレッスンでは，試験会場への入室から退室まで，実際の試験本番の流れ（詳しくは 110 〜 112 ページ）に即したレッスンを受けられます。試験本番の前に，試験の流れをまとめて確認できます。

外国人講師からアドバイスが受けられる！

二次試験の面接では，英語の正しさや発音のよさに加えて，面接委員とコミュニケーションを取ろうとする意欲や態度なども総合的に評価されます。英検二次試験対策オンラインレッスンの研修を受けた外国人講師が，英語の正しさや発音はもちろん，あなたのコミュニケーションに対する態度も含め，二次試験合格のために必要なアドバイスをしてくれます。

まずはこちらにアクセス！

http://hon.gakken.jp/eiken

次のページから，過去 5 回分のテストの問題カード 2 種類と「面接委員からの質問」を紹介しています。本番のつもりで，音読と，質問に答える練習をしましょう。

Department Stores

Many cities have department stores. In Japan, they are often built near large train stations. Many people enjoy shopping for new clothes and eating delicious food, so they visit department stores in their free time.

Questions （面接委員に質問される英文です。カードには印刷されていません。）

No. 1 Please look at the passage. Why do many people visit department stores in their free time?

No. 2 Please look at the picture. What does the woman with long hair have in her hands?

No. 3 Please look at the man wearing glasses. What is he doing?

　　　Now, Mr. / Ms. ——, please turn the card over.

No. 4 How did you come here today?

No. 5 ［1つ目の質問］ Do you enjoy going to festivals?

　　　　　［2つ目の質問］ （あなたが Yes で答えた場合）⟶ Why?

　　　　　　　　　　　　（No で答えた場合）⟶ Why not?

Piano Lessons

Many children in Japan take piano lessons. During these lessons, they sometimes learn to play difficult songs. Some children want to take part in piano contests, so they practice hard for many hours every day.

Questions （面接委員に質問される英文です。カードには印刷されていません。）

No. 1 Please look at the passage. Why do some children practice hard for many hours every day?

No. 2 Please look at the picture. Where are the dogs?

No. 3 Please look at the woman. What is she going to do?

Now, Mr. / Ms. ——, please turn the card over.

No. 4 What are you planning to do next weekend?

No. 5 ［1 つ目の質問］ Do you like to go shopping?

　　　　［2 つ目の質問］ （あなたが Yes で答えた場合）⟶ What do you like to buy?

　　　　　　　　　　　（No で答えた場合）⟶ What do you like to do with your friends?

Volleyball

Volleyball is an exciting team sport. Many students learn to play volleyball during P.E. classes at school, and some people enjoy playing beach volleyball in summer. Watching professional volleyball games can also be fun.

Questions（面接委員に質問される英文です。カードには印刷されていません。）

No. 1 Please look at the passage. When do many students learn to play volleyball?

No. 2 Please look at the picture. Where is the clock?

No. 3 Please look at the woman. What is she doing?

　Now, Mr. / Ms. ——, please turn the card over.

No. 4 What are you planning to do this winter?

No. 5 ［1つ目の質問］ Did you study English yesterday?

　　　　［2つ目の質問］（あなたが Yes で答えた場合）—→ Please tell me more.

　　　　　　　　　　　（No で答えた場合）—→ What time do you usually go to bed?

Painting Pictures

Painting pictures is popular with both children and adults. Many people think it is a good way to relax. Some people enjoy painting pictures of trees and flowers, so they go to parks on weekends.

Questions（面接委員に質問される英文です。カードには印刷されていません。）

No. 1 Please look at the passage. Why do some people go to parks on weekends?

No. 2 Please look at the picture. How many people are there in the boat?

No. 3 Please look at the man. What is he doing?

Now, Mr./Ms. ——, please turn the card over.

No. 4 What kind of books do you like to read?

No. 5 ［1つ目の質問］ Did you do anything special last weekend?

［2つ目の質問］（あなたがYesで答えた場合）—→ Please tell me more.

（Noで答えた場合）—→ What do you often do on Sundays?

A Popular Japanese Food

Tofu is used in many delicious Japanese dishes. Some people like to put it in salad, soup, and even ice cream and cake. Tofu is healthy and cheap, so it is eaten by many people.

Questions（面接委員に質問される英文です。カードには印刷されていません。）

No. 1 Please look at the passage. Why is tofu eaten by many people?

No. 2 Please look at the picture. How many bottles of water is the woman holding?

No. 3 Please look at the man with glasses. What is he going to do?
  Now, Mr. / Ms. ──, please turn the card over.

No. 4 What do you do to relax in your free time?

No. 5 ［１つ目の質問］ Have you ever been to a zoo?
  ［２つ目の質問］（あなたが Yes で答えた場合）── Please tell me more.
    （No で答えた場合）── Where do you like to go on weekends?

Health Clubs

In Japan, there are lots of health clubs. Many people want to stay strong and healthy, so they become members of health clubs. Sometimes, people can make new friends there, too.

Questions（面接委員に質問される英文です。カードには印刷されていません。）

No. 1 Please look at the passage. Why do many people become members of health clubs?

No. 2 Please look at the picture. Where is the television?

No. 3 Please look at the woman. What is she going to do?

Now, Mr./Ms. ——, please turn the card over.

No. 4 What kind of movies do you like to watch?

No. 5 ［1つ目の質問］ Do you like to eat at restaurants?

　　　　［2つ目の質問］（あなたが Yes で答えた場合）—→ Please tell me more.

　　　　　　　　　　（No で答えた場合）—→ Why not?

International Supermarkets

There are many international supermarkets in Japan. International supermarkets sell interesting food from different countries, so they are popular with many people. The food at these stores is sometimes expensive.

Questions（面接委員に質問される英文です。カードには印刷されていません。）

No. 1 Please look at the passage. Why are international supermarkets popular with many people?

No. 2 Please look at the picture. Where are the cups?

No. 3 Please look at the man wearing a hat. What is he doing?

Now, Mr. / Ms. ——, please turn the card over.

No. 4 What are you planning to do this evening?

No. 5 ［１つ目の質問］Do you have any pets?

　　　　［２つ目の質問］（あなたが Yes で答えた場合）→ Please tell me more.

　　　　　　　　　　　（No で答えた場合）→ What kind of pet would you like to have?

Concerts

Watching famous singers or bands on stage is exciting. Many people enjoy going to concerts with their friends, but some people like watching concerts alone. Music festivals are often held outside in summer.

Questions（面接委員に質問される英文です。カードには印刷されていません。）

No. 1 Please look at the passage. What do some people like doing?

No. 2 Please look at the picture. What does the man have in his hands?

No. 3 Please look at the woman with long hair. What is she doing?

　　Now, Mr./Ms. ——, please turn the card over.

No. 4 How many hours do you sleep every night?

No. 5 ［1つ目の質問］Do you enjoy watching TV?

　　　　［2つ目の質問］（あなたが Yes で答えた場合）—→ Please tell me more.

　　　　　　　　　　（No で答えた場合）—→ What do you like to do after dinner?

Badminton

Playing badminton is a popular activity in Japan. Some students join badminton teams at school, and many people play badminton in local gyms on weekends. Some players hope to take part in the Olympics someday.

Questions （面接委員に質問される英文です。カードには印刷されていません。）

No. 1 Please look at the passage. Where do many people play badminton on weekends?

No. 2 Please look at the picture. How many bottles are there on the table?

No. 3 Please look at the boy wearing glasses. What is he going to do?
　Now, Mr./Ms. ——, please turn the card over.

No. 4 Where do you like to go in your free time?

No. 5 ［１つ目の質問］Have you ever been camping?

　　　　　［２つ目の質問］（あなたが Yes で答えた場合）——➤ Please tell me more.

　　　　　　　　　　（No で答えた場合）——➤ What are you going to do next weekend?

Spaghetti

Spaghetti is eaten by people all over the world. It is often eaten with a sauce made from tomatoes. Spaghetti is delicious and easy to cook, so it is a popular dish with many families.

Questions （面接委員に質問される英文です。カードには印刷されていません。）

No. 1 Please look at the passage. Why is spaghetti a popular dish with many families?

No. 2 Please look at the picture. Where is the newspaper?

No. 3 Please look at the woman. What is she doing?

Now, Mr. / Ms. ——, please turn the card over.

No. 4 What do you do to relax?

No. 5 ［１つ目の質問］ Are you a student?

［２つ目の質問］ （あなたが Yes で答えた場合）⟶ What school subject is the most difficult for you?

（No で答えた場合）⟶ What do you like to have for breakfast?

問題は全部解き終わったかな？
「解答と解説」では問題の正解だけでなく，
よく出る単語や表現なども書かれているよ。
きちんとチェックして，
自信を持って試験にのぞもう！

解答と解説

英検® 2021年度

3級

過去問題集

Gakken

CONTENTS

英検 **3** 級

2020年度・第1回　解答と解説

一次試験・筆記 [p.014 − p.022]

1
(1) 4	(2) 1	(3) 1	(4) 2	(5) 1	(6) 4	(7) 1	(8) 2
(9) 1	(10) 1	(11) 2	(12) 2	(13) 3	(14) 1	(15) 2	

2　(16) 3　(17) 4　(18) 1　(19) 2　(20) 1

3A　(21) 1　(22) 2

3B　(23) 3　(24) 2　(25) 1

3C　(26) 2　(27) 2　(28) 4　(29) 3　(30) 1

4

（解答例1）

Yes, I want to study in Australia in the future. First, I want to go to school there and make new friends. Also, I'm very interested in the animals and beautiful nature there.

（解答例2）

No, I don't want to study abroad in the future. I have two reasons. First, I'm not good at speaking English or communicating with other people. Second, I don't like airplanes.

一次試験・リスニング [p.023 − p.028]

第1部　[No.1] 3　[No.2] 1　[No.3] 3　[No.4] 1　[No.5] 3
[No.6] 2　[No.7] 2　[No.8] 3　[No.9] 1　[No.10] 1

第2部　[No.11] 2　[No.12] 2　[No.13] 3　[No.14] 2　[No.15] 3
[No.16] 2　[No.17] 4　[No.18] 1　[No.19] 4　[No.20] 3

第3部　[No.21] 1　[No.22] 2　[No.23] 4　[No.24] 3　[No.25] 2
[No.26] 3　[No.27] 4　[No.28] 1　[No.29] 2　[No.30] 1

(1) 雨が降り出す前に，私は家に到着しました。
1　develop（～を発達させる）の過去形
2　follow（～のあとについて行く）の過去形
3　order（～を注文する）の過去形
4　reach（～に到着する）の過去形

✔ 空所の直後の my house（私の家）に合う動詞を考えると，「～に到着した」という意味の 4 が適切。

📖 WORDS&PHRASES
□ before ── ～する前に　　□ start to ～ ── ～し始める　　□ reach ── ～に到着する

(2) *A*： この部屋，ものすごく暗いね。カーテンを開けて。
B： わかったよ，お父さん。
1　カーテン　　2　毛布　　3　タオル　　4　枕

✔ 部屋が暗くて，何かを開けてほしいと言われているので，「カーテン」という意味の 1 が適切。

📖 WORDS&PHRASES
□ too ── あまりに　　□ dark ── 暗い　　□ Please ～. ── ～してください。

(3) タバコを吸うのをやめるべきだよ，ジャック。健康によくないよ。
1　健康　　2　場所　　3　質問　　4　門

✔ 空所を含む文の主語である It は smoking（タバコを吸うこと）を指す。それが，何に悪いのかを考えると，「健康」という意味の 1 が適切。

📖 WORDS&PHRASES
□ should ── ～すべきである　　□ stop ～ing ── ～するのをやめる

(4) *A*： 大人になったら何がしたい，ピーター？
B： 女性の洋服をデザインしたいんだ。
1　～を上げる　　2　～をデザインする　　3　～な味がする　　4　～を増やす

✔ 将来の夢を聞かれたピーターが答えている場面。直後の women's clothes（女性の洋服）に合う動詞を考えると，「～をデザインする」という意味の 2 が適切。

📖 WORDS&PHRASES
□ want to ～ ── ～したい　　□ grow up ── 成人する　　□ clothes ── 衣類，服

(5) A： このおもちゃは3歳の息子には大丈夫ですか。
B： もちろんです。それは2歳以上のお子さんには安全です。
1 安全な　　2 静かな　　3 欠席している　　4 ショックを受けて

✔️　3歳の子どもにこのおもちゃが問題ないかをたずねたAに対して，BのItは this toy（このおもちゃ）を指す。おもちゃの説明としてふさわしい形容詞を考えると，「安全な」という意味の1が適切。

📖 WORDS&PHRASES
□ toy — おもちゃ　　□ 3-year-old — 3歳の　　□ son — 息子　　□ Sure. — もちろん。

(6) A： 電車で大阪に行くのにいくらかかりますか。
B： よくわかりません。クミに聞いてみましょう。彼女はよくそこに行きます。
1 ～を落とす　　　　　　2 （時間など）を費やす
3 ～を閉める　　　　　　4 （金額）がかかる

✔️　How much ～? と値段を聞いていることから，「（金額）がかかる」という意味の4が適切。

📖 WORDS&PHRASES
□ How much ～? — ～はいくらか。　　□ by train — 電車で
□ I'm not sure. — よくわからない。

(7) A： 休憩しましょう。昼食後に授業を続けることができますから。
B： わかりました，コダマ先生。
1 ～を続ける　　2 ～を貸す　　3 ～を約束する　　4 ～を注文する

✔️　空所の直後の the lesson（授業）に合う動詞を考えると，「～を続ける」という意味の1が適切。

📖 WORDS&PHRASES
□ Let's ～. — ～しましょう。　　□ take a break — 休憩する　　□ lesson — 授業

(8) その山の頂上は一年中雪で覆われています。
1 上に　　　　　　　2 （be covered with ～で）～で覆われている
3 ～のために　　　4 ～へ

✔️　be covered with ～で「～で覆われている」という意味なので，2が適切。

📖 WORDS&PHRASES
□ top — 頂上　　□ mountain — 山　　□ be covered with ～ — ～で覆われている

(9) ダナはインターネットの買い物でトラブルに巻き込まれました。彼女が洋服に200ドルを使ったので，彼女の両親は怒っていました。
1 トラブル，問題　　2 接触，連絡　　3 姿，形　　4 仕事

✔️ get in trouble で「トラブルに巻き込まれる」という意味なので，1が適切。get in touch は「連絡を取る」という意味。

📖 WORDS&PHRASES
□ **get in trouble**──トラブルに巻き込まれる　　□ **on the Internet**──インターネットで

(10) *A*： 明日は雪が降るのかな？
B： わからないわ。テレビをつけて，ニュースを見てみましょう。
1 （turn on ～で）～のスイッチを入れる　　　2 ～から
3 ～の中に　　　　　　　　　　　　　　　　4 ～の前に

✔️ turn on ～ で「～のスイッチを入れる」という意味を表すので，1が適切。空所の直後の the TV（テレビ）と watch the news（ニュースを見る）で「テレビをつけてニュースを見る」という意味の文になり，意味が通る。

📖 WORDS&PHRASES
□ **be going to ～**──～する予定だ　　□ **snow**──雪が降る　　□ **tomorrow**──明日

(11) ヘレンは昨日買い物に行き，一足のくつを買いました。
1 （a piece of ～で）一つの～（数えられない名詞の前につける）
2 （a pair of ～で）一組の～（2つで1セットのものの前につける）
3 （a slice of ～で）一切れの～（パンやチーズなどの名詞の前につける）
4 空間，場所

✔️ a pair of ～ で「一組の～」という意味を表すので，2が適切。shoes（くつ）やgloves（手袋）のような，2つで1セットの名詞の前につけて用いる。

📖 WORDS&PHRASES
□ **go shopping**──買い物に行く　　□ **bought**──buy（～を買う）の過去形

(12) *A*： あなたが会社に行くのにどれくらいの時間がかかりますか，エリー。
B： 1時間ぐらいです。3回電車を乗り換えなければなりません。
1 倒れる，落ちる　　　　　　2 ～を乗り換える
3 ～を招待する　　　　　　4 ～を共有する

✔️ 空所の直後の trains（電車）や three times（3回）に合う動詞を考えると，2が適切。

(13) *A：* あの緑色のセーターを着ている女性はだれですか。
　　 B： 彼女は私のおばです。

　　 1　～を身につけている　　　　　2　wear（～を身につけている）の過去形
　　 3　wearのing形　　　　　　　　　4　wearの3人称単数現在形

📝　現在分詞wearingを入れると「あの緑色のセーターを着ている女性」という意味で，that lady（あの女性）を後ろから説明する形容詞の働きになるので，3が適切。

(14) *A：* なぜトミーが学校を早退したか知ってる？
　　 B： 彼はお腹が痛かったんです。

　　 1　なぜ　　2　いつ　　3　どこで　　4　何を

📝　BのHe had a stomachache.（彼はお腹が痛かった。）は学校を早退した理由にあたるので，疑問詞のwhyである1が適切。knowの直後のwhy Tommy left school so earlyは「間接疑問」と呼ばれるもので，Why did Tommy leave school so early? という疑問文がknowの目的語になったもの。〈疑問詞＋S V～〉という語順にも注意すること。

(15) *A：* もし覚えていたら，パリにいる間に私にチョコレートを買ってね。
　　 B： もちろん，いいよ。

　　 1　remember（覚えている）のing形
　　 2　覚えている
　　 3　rememberの過去形
　　 4　覚えていること，覚えているための[に]

📝　接続詞if（もし～なら）の直後の文では，未来の内容を述べるときでも動詞は現在形にしなければならないので，2が適切。

(16) 男性：今夜はどこで食事をしたい？
女性：ええと。10番通りの中華料理のお店はどうかしら？
男性：とってもいいね。
　　　1　問題ないわ。
　　　2　それで構わないわ。
　　　3　ええと。
　　　4　私もそう思ったわ。

✏️　どこで食事をしたいかを聞かれた女性が，店を提案する前に言った一言。どこの店にしようかと考えていると推測できるので，「ええと，そうね」という意味の**3**が適切。

📖 WORDS&PHRASES
　□ How about ～? ― ～はどうですか。　　□ sound ― ～に聞こえる

(17) 女性：おはよう，ジェイコブ。
男性：やあ，エミリー。君の帽子いいね。よく似合っているよ。
女性：ありがとう。
　　　1　君がそうすることを知っているよ。
　　　2　一つ買うべきだよ。
　　　3　面白そうだね。
　　　4　よく似合っているよ。

✏️　男性が，I like your hat.（あなたの帽子が好きだ。）と言ったあとの一言。女性がThanks.（ありがとう。）と言っていることから，ほめられたことがわかるので，「よく似合っている。」という意味の**4**が適切。

📖 WORDS&PHRASES
　□ It looks nice on you. ― よく似合っています。　　□ Thanks. ― ありがとう。

(18) 少女：今日の午後，キャッチボールをしようよ。
少年：時間がないんだ。しなくちゃいけない宿題がすごくたくさんあってね。ごめんね。
　　　1　時間がないんだ。
　　　2　それはわくわくすると思うよ。
　　　3　それは野球場でだよ。
　　　4　今日はよくできたね。

✏️　キャッチボールに誘われた少年が，空所の直後で宿題がたくさんあるからと

謝っていることから，「時間がない。」という意味の**1**が適切。

📖 WORDS&PHRASES

□ **play catch** — キャッチボールをする　　□ **too** — あまりに　　□ **homework** — 宿題

(19)　女性：ケイトはテニスがとても上手ね。
　　　男性：彼女は君より上手なの？
　　　女性：そうね。一緒にテニスをすると，いつも彼女が簡単に勝つのよ。
　　　　　　1　私たちはたいてい遅れるの。
　　　　　　2　いつも彼女が簡単に勝つのよ。
　　　　　　3　コートはよくあいてるわ。
　　　　　　4　ときどきそこで彼女に会うわ。

✏️ 男性に，ケイトの方がテニスが上手なのかと聞かれた女性がYeah.（そうね。）と言っていることから，ケイトの方がうまいことがわかる。「いつも彼女が簡単に勝つ。」とケイトが強いことを表す意味の**2**が適切。

📖 WORDS&PHRASES

□ **be good at 〜** — 〜が上手である，得意である　　□ **better** — **good**（上手な）の比較級

(20)　少年：昨日水族館に行ったんだ。
　　　少女：すごいわ。だれと一緒に行ったの？
　　　少年：友達はほかの予定があったから，一人で行ったんだよ。
　　　　　　1　一人で行ったんだよ。
　　　　　　2　一緒に参加できるよ。
　　　　　　3　バスに乗ったよ。
　　　　　　4　天気が悪かったんだ。

✏️ だれと水族館に行ったかを聞かれた少年が空所の直前で，My friends had other plans（友達はほかの予定があった）と言っていることから，一人で行ったことが推測できるので，I went by myself.（一人で行ったんだよ。）の**1**が適切。

📖 WORDS&PHRASES

□ **aquarium** — 水族館　　□ **other** — ほかの　　□ **by oneself** — 一人で

本文の意味

リバータウン・ロケッツのカナダツアー

今年の夏，リバータウン・ロケッツは初めてカナダでコンサートを開催します。㉑彼らはイングランドの最もすばらしいバンドの一つで，たくさんの美しい歌があります。
　昨年秋のアメリカでの彼らの公演はとても人気があったので，すぐにチケットを購入してください！

日程
7月28日：ブライトンホール，バンクーバー
7月30日：マスタングシアター，トロント
8月2日：ヒクソンスタジアム，オタワ
㉒8月3日：パラダイスパーク，モントリオール

モントリオールでの最終公演では，メキシコ出身のジャズシンガー，ジェニー・コルテスが，数曲一緒に歌ってリバータウン・ロケッツとステージで共演します。

コンサートについてより多くの情報は，バンドのウェブサイトwww.rivertownrockets.com をご覧ください。

(21)　リバータウン・ロケッツの出身はどこですか。
　　1　イングランドです。　　　　　2　カナダです。
　　3　アメリカです。　　　　　　　4　メキシコです。

- -

　　📘　下線部㉑に They（= The Rivertown Rockets）are one of England's best bands（彼らはイングランドの最もすばらしいバンドの一つ）とあるので，1が適切。

(22)　8月3日に，リバータウン・ロケッツは…予定です。
　　1　オタワのスタジアムで演奏する
　　2　メキシコの歌手と演奏する
　　3　ジェニー・コルテスの家を訪れる
　　4　モントリオールの音楽スタジオに行く

- -

　　📘　下線部㉒に8月3日のことが書かれており，… jazz singer Jenny Cortez from Mexico will join the Rivertown Rockets on stage …（メキシコ出身のジャズシンガー，ジェニー・コルテスがリバータウン・ロケッツとステージで共演する）とあるので，2が適切。

📖 WORDS&PHRASES

□ **Canadian** ― カナダの　　□ **tour** ― ツアー　　□ **this summer** ― 今年の夏
□ **concert** ― コンサート　　□ **Canada** ― カナダ　　□ **for the first time** ― 初めて
□ **best** ― good(よい，上手な)の最上級　　□ **beautiful** ― 美しい
□ **the United States** ― アメリカ　　□ **last** ― この前の　　□ **fall** ― 秋
□ **popular** ― 人気のある　　□ **get** ― 〜を買う　　□ **date** ― 日付　　□ **July** ― 7月
□ **August** ― 8月　　□ **final** ― 最後の　　□ **Mexico** ― メキシコ　　□ **join** ― 〜に参加する
□ **more** ― much(多くの)の比較級　　□ **information** ― 情報

3B

(問題　p.018 〜 019)

本文の意味

送信者：ダイアナ・マコーネル
宛先：ジェーン・ヘンダーソン
日付：6月14日
件名：夏休み

・・

こんにちは　ジェーン，
夏休みを楽しんでる？　1週間前に学校が終わったなんて信じられないわ！　いずれ
にしても，あなたにあることを聞きたかったの。私の家族は今月の後半にフロリダに
行く予定なの。私たちは毎年夏にそこに行って，浜辺のそばのホテルに滞在するの。
㉓私のいとこがたいてい一緒に行くんだけれど，先週彼女はサッカーの練習で脚の骨
を折ってしまったの。彼女は家にいて休む必要があるので，両親が私に，その代わり
に友達に聞いてもいいと言ったのよ。（フロリダに）行かない？　毎日海に泳ぎに行
けるわよ！　私に知らせてね。
ダイアナ

送信者：ジェーン・ヘンダーソン
宛先：ダイアナ・マコーネル
日付：6月14日
件名：フロリダ

・・

こんにちは　ダイアナ，
ぜひあなたと一緒にフロリダに行きたいわ！　お父さんに聞いたら，考えると言って
くれたの。彼はあなたの計画についてもっと知りたがってるわ。いつ出発して，いつ
戻るのかしら。㉔私は6月20日まで忙しいの。その日におばあちゃんの誕生日パー
ティーがあって，そこにいないといけないの。お父さんが，旅行についていくつかほ

かの質問をするために，あなたのお母さんに明日電話するわ。彼は何時に電話したらいいかしら？

またすぐに話そうね，

ジェーン

送信者：ダイアナ・マコーネル
宛先：ジェーン・ヘンダーソン
日付：6月14日
件名：スケジュール

こんにちは　ジェーン，

私たちは6月22日に出発して，6月29日に戻るつもりだから，たぶんあなたは行けるわ！　私のお母さんは明日昼間はスーパーで働いているけれど，夕方は家にいると思うわ。㉔6時以降に電話をくれるようにお父さんに伝えてね。わくわくするわ！ぜひあなたに来てほしいな。

あなたの友達，

ダイアナ

㉓　今年の夏は，なぜダイアナのいとこはフロリダに行かないのですか。
  1　彼女は泳ぎ方を知りません。
  2　彼女はサッカーの練習をしなければなりません。
  3　彼女は脚をけがしました。
  4　彼女はホテルでの仕事につきました。

📝　下線部㉓に注目。… she（＝ Diana's cousin）broke her leg …（彼女は脚の骨を折った）とあるので，3が適切。

㉔　6月20日にジェーンは何をしなければいけませんか。
  1　フロリダに出発します。
  2　誕生日パーティーに行きます。
  3　いとこを買い物に連れていきます。
  4　父親と旅行の計画を立てます。

📝　下線部㉔に注目。My grandmother's birthday party is on that day（＝ June 20），and I have to be there（＝ at the birthday party）.（おばあちゃんの誕生日パーティーがその日にあって，そこにいなければならない。）とあるので，2が適切。

(25) ジェーンの父親は明日の夕方何をするつもりですか。

1 ダイアナの母親と話します。
2 スーパーマーケットに行きます。
3 ダイアナの学校に電話します。
4 旅行から帰ってきます。

✒️ 下線部㉕に注目。ジェーンから，彼女の父親がダイアナのお母さんに電話で質問をしたがっていると言われたのを受けて，Please tell your dad to call after six.（6時以降に電話をくれるようにお父さんに伝えてね。）と言っているので，**1**が適切。

□ **June** — 6月　　□ **subject** — 主題，テーマ　　□ **summer vacation** — 夏休み
□ **believe** — ～を信じる　　□ **end** — 終わる　　□ **ago** — ～前
□ **anyway** — いずれにしても　　□ **ask** — ～にたずねる　　□ **something** — 何か
□ **later** — 後半　　□ **by** — ～のそばの　　□ **beach** — 浜辺　　□ **cousin** — いとこ
□ **usually** — たいてい　　□ **broke** — **break**(～を折る)の過去形
□ **need to ～** — ～する必要がある　　□ **rest** — 休む　　□ **instead** — その代わりに
□ **let me know** — 知らせる　　□ **would love to ～** — ぜひ～したい
□ **think about ～** — ～について考える　　□ **until** — ～まで
□ **have to ～** — ～しなければならない　　□ **maybe** — たぶん
□ **be able to ～** — ～することができる　　□ **during** — ～の間
□ **tell＋人＋to ～** — 人に～するように言う　　□ **excited** — わくわくした

3C

(問題　p.020 ～ 021)

本文の意味

グランドキャニオン

　アメリカのアリゾナ州には巨大な深い谷があり，そこをコロラド川が流れています。この場所はグランドキャニオンと呼ばれ，それは長さ446キロメートル，深さ約1.6キロメートル，幅は29キロメートルに及びます。そこの天気は夏は非常に暑く，冬は非常に寒くなることもあります。

　㉖毎年，何百万人もの人々がグランドキャニオンの美しい景色を見にやってきます。㉗人々の90％は，一年を通じて開放されていていくつかの大都市からも行きやすいので，サウスリムと呼ばれる地域を訪れます。ノースリムは5月から10月までしか開いていません。最近，人々はウェストリムにも訪れ始めています。

　アメリカ先住民は何千年にも渡ってその峡谷周辺に住んでいます。1540年，スペイン出身のガルシア・ロペス・デ・カルデナスがその峡谷を見た最初のヨーロッパ人になりました。しかし，カルデナスは峡谷を降りることはできませんでした。それ

からかなりあとになり，㉘1869年に，ジョン・ウェズリー・パウエルという名の
アメリカ人が，数名の男たちとボートでコロラド川を下りました。その旅の間，パウ
エルは日記の中でその場所を『グランドキャニオン』と名付けました。

　1903年に，アメリカ大統領セオドア・ルーズベルトは，その峡谷を保護するこ
とを決め，そこを国定記念物にしました。㉚1919年に，そこは国立公園になりました。
今日，その峡谷にハイキングやキャンプに行く人もいます。そして，ボートツアーも
人気があります。㉙その峡谷はとても大きいので，ボートツアーは約2週間かかりま
す。毎年多くの人々がこの美しい場所を楽しみます。

⑳　グランドキャニオンは
1 アメリカ先住民によって作られました。
2 毎年多くの人々によって訪れられています。
3 世界で最も寒い場所です。
4 できてから160万年経っています。

- -

　🔷　下線部⑳に Every year, millions of people come to see the beautiful views of
the Grand Canyon.（毎年，何百万人もの人々がグランドキャニオンの美しい
景色を見にやってきます。）とあるので，2 が適切。

㉗　グランドキャニオンで，ほとんどの人が訪れるのはどの地域ですか。
1 ノースリムです。　　　　　　　　2 サウスリムです。
3 ウェストリムです。　　　　　　　4 イーストリムです。

- -

　🔷　下線部㉗に Ninety percent of the people visit an area called the South Rim
…（人々の90％はサウスリムと呼ばれる地域を訪れます）とあるので，2 が適切。

㉘　1869年にジョン・ウェズリー・パウエルは何をしましたか。
1 彼はルーズベルト大統領とグランドキャニオンを降りていきました。
2 彼はガルシア・ロペス・デ・カルデナスとグランドキャニオン周辺を旅しました。
3 彼はアメリカ先住民とグランドキャニオンで生活し始めました。
4 彼は『グランドキャニオン』という名前を思いつきました。

- -

　🔷　下線部㉘に… During the trip, Powell named the place the "Grand Canyon"
in his diary.（その旅の間，パウエルは日記の中でその場所を『グランドキャ
ニオン』と名付けました。）とあるので，4 が適切。

㉙　なぜグランドキャニオンのボートツアーは長い時間がかかるのですか。
1 観光客は小さなボートに乗らなければなりません。
2 そのボートは多くのスペインレストランで停まります。

3 その峡谷はとても大きいです。

4 国立公園には観光客にとって多くの規則があります。

▶ 下線部㉙に Because the canyon is so big, a boat tour can take about two weeks.（その峡谷はとても大きいので，ボートツアーは約2週間かかります。）とあるので，3が適切。

(30) この話は何に関するものですか。

1 アメリカの有名な国立公園。

2 アリゾナ州から持ち込まれた特別な種類の岩。

3 夏が寒く，冬が暑い都市。

4 新しい峡谷を見つけた大統領。

▶ 文全体を通して，グランドキャニオンについて述べられており，地理的な説明やこの名前がついた経緯などが書かれたのち，最終段落の下線部㉚に In 1919, it (= the Grand Canyon) became a national park.（1919年に，そこは国立公園になりました。）とあるので，1が適切。

📖 WORDS&PHRASES
□ **deep** — 深い，深さが〜の　　□ **run through** — 〜を流れる　　□ **long** — 長さが〜の
□ **up to 〜** — 〜に及ぶ　　□ **wide** — 幅が〜の　　□ **millions of 〜** — 何百万もの〜
□ **view** — 景色　　□ **all year round** — 一年を通じて　　□ **recently** — 最近
□ **thousands of 〜** — 何千もの〜　　□ **European** — ヨーロッパ人
□ **name** — 〜を名付ける　　□ **diary** — 日記　　□ **president** — 大統領
□ **decide to 〜** — 〜することに決める　　□ **protect** — 〜を保護する
□ **national** — 国の　　□ **go hiking** — ハイキングに行く　　□ **take** — (時間)がかかる

ライティング

4 （問題　p.022）

質問の意味

あなたは将来留学したいですか。

解答例 1

Yes, I want to study in Australia in the future. First, I want to go to school there and make new friends. Also, I'm very interested in the animals and beautiful nature there. （33語）

解答例1の意味

はい，私は将来オーストラリアで勉強したいです。まずは，そこの学校に行き，新しい友人を作りたいです。また，そこの動物や美しい自然にとても興味があります。

✔ Do you want to ～?という質問に対しては，まずYesかNoで答える。次に，First, ～. でその理由を述べる。2文目では，Alsoを使って，もう1つの理由を付け加える。

解答例 2

No, I don't want to study abroad in the future. I have two reasons. First, I'm not good at speaking English or communicating with other people. Second, I don't like airplanes. （31語）

解答例2の意味

いいえ，私は将来留学したくないです。理由は2つあります。1つ目は，私は英語を話すことも，ほかの人とコミュニケーションをとることも得意ではありません。2つ目は，飛行機が好きではありません。

✔ Do you want to ～?という質問に対しては，まずYesかNoで答える。2文目でI have two reasons.と2つの理由を述べることを示す。First, ～. で1つ目の理由を，Second, ～. で2つ目の理由を付け加えるとよい。be good at ～ingは「～するのが得意だ」の意味を表す。

リスニングテスト第1部

（問題　p.023～024）

〈例題〉

A: I'm hungry, Annie.
B: Me, too. Let's make something.
A: How about pancakes?
　　1　On the weekend.
　　2　For my friends.
　　3　**That's a good idea.**

「おなかがすいたよ，アニー。」
「私も。何か作りましょう。」
「パンケーキはどう？」
　1「週末に。」
　2「私の友達のためよ。」
　3「**それはいい考えね。**」

No.1

A: The cafeteria is crowded today.
B: Yeah.
A: Is it OK if I join you?
　　1　Pasta and salad.
　　2　It's by the window.
　　3　**Of course it is.**

「今日はカフェテリアが混んでるね。」
「そうね。」
「一緒にいいかな？」
　1「パスタとサラダよ。」
　2「それは窓のそばにあるわ。」
　3「**もちろんいいわよ。**」

No.2

A: How's your report going, Donna?
B: Good.
A: What are you writing about?
　　1　**My favorite movie.**
　　2　With my computer.
　　3　Over 500 words.

「レポートの進み具合はどうかな，ドナ？」
「順調です。」
「何について書いているの？」
　1「**一番好きな映画についてです。**」
　2「コンピューターを使っています。」
　3「500語以上です。」

📝　レポートの進み具合を聞かれたあとに，書いている内容について聞かれているので，1が適切。How is ～ going?は「～の進捗はどうですか。」という意味。

No.3

A: I'll see you next month, Mike.
B: OK. Enjoy your holiday.
A: Please remember to water my plants while I'm away.
　　1　No. They're still there.
　　2　Great. I love that park.
　　3　**Don't worry. I will.**

「また来月会いましょう，マイク。」
「わかったよ。休暇を楽しんでね。」
「私の外出中，忘れずに私の植物に水をあげてね。」
　1「いや。それはまだそこにあるよ。」
　2「すばらしい。あの公園大好きだよ。」
　3「**心配しないで。やっておくよ。**」

No.4

A: Mom, look at this!
B: What is it, Tony?
A: My picture is on the school website.
   1 How exciting!
   2 Here's your change.
   3 That's expensive!

「お母さん，これを見て！」
「それは何，トニー？」
「ぼくの写真が学校のウェブサイトにのってるんだよ。」
   1「なんてすごいの！」
   2「こちらがお釣りです。」
   3「それは高いわね！」

No.5

A: How do you like the shirt?
B: I like the color.
A: How about the size?
   1 For a wedding.
   2 Blue and white.
   3 It's perfect.

「シャツはいかがですか？」
「色が気に入りました。」
「サイズはどうですか？」
   1「結婚式のためです。」
   2「青と白です。」
   3「完璧です。」

 How about the size?とシャツのサイズが合っているかを問われているので，ぴったり合っているという意味で，**3**が適切。

No.6

A: Here are your pizzas, sir.
B: But I didn't order any pizzas.
A: Oh. Is this 45 Henry Street?

   1 No, I wanted a seafood pizza.
   2 No, that's the house over there.
   3 No, I was waiting for an hour.

「お客様，こちらがピザでございます。」
「ピザは頼んでないんですけれど。」
「あら。ここはヘンリー通りの45ですか。」

   1「いいえ，私はシーフードピザを食べたかったんです。」
   2「いいえ，それは向こうの家ですよ。」
   3「いいえ，1時間待っていました。」

No.7

A: Do you still read newspapers, too?
B: No.
A: How do you learn about the news these days?
   1 You can have mine if you want it.

「あなたもいまだに新聞を読んでいるの？」
「いや。」
「最近ニュースについてどのようにして知るの？」
   1「もしほしいならぼくのものを持っていっていいよ。」

2 I read about it on the Internet.
3 It was in yesterday's newspaper.

2「インターネットで読むんだ。」

3「それは昨日の新聞にのっていたよ。」

No.8

A: Grandpa, when did you start wearing glasses?
B: About 20 years ago.
A: Can you read without them?
　1 My favorite book.
　2 Please do it yourself.
　3 Not very well.

「おじいちゃん，いつめがねをかけ始めたの？」
「20年ぐらい前だね。」
「めがねをかけずに読むことはできる？」
　1「私の一番好きな本だよ。」
　2「自分でそれをしてね。」
　3「あまり（よく読めないよ）。」

◢ Can you ～?（あなたは～できますか。）はYesかNoで答える質問文なので，3が適切。I cannot read very well without them.（私はめがねなしではあまりよく読めません。）という文の略。

No.9

A: This year's movie festival was great.
B: Yeah. What was your favorite film?
A: The Lost Ghost.
　1 I enjoyed that one, too.
　2 Not for a couple of days.
　3 I'll give you a ticket.

「今年の映画祭はすばらしかったわね。」
「そうだね。君の一番好きな映画は何だった？」
「『The Lost Ghost』よ。」
　1「ぼくもその映画は楽しんだよ。」
　2「2，3日間は違うよ。」
　3「君にチケットをあげるよ。」

No.10

A: Can we go fishing on Sunday?
B: Sure.
A: Let's invite Uncle Toby, too.
　1 OK, I'll e-mail him tonight.
　2 OK, I'll get you a new one.
　3 OK, there's some in the fridge.

「日曜日に釣りに行くことはできる？」
「もちろん。」
「トビーおじさんも誘おうよ。」
　1「わかった，今夜彼にメールをするよ。」
　2「わかった，君に新しいものを買ってあげるよ。」
　3「わかった，冷蔵庫にいくらかあるよ。」

リスニングテスト第2部　（問題　p.025 〜 026）

No.11

A: That was a long meeting.

B: Yes. It was four hours.

A: I hope the afternoon meeting will be shorter.

B: It'll be two hours.

> Question　**How long will the afternoon meeting be?**

- -

A: 長い会議だったね。

B: そうね。4時間だったわね。

A: 午後の会議はもっと短いといいなあ。

B: 2時間でしょうね。

> 質問　**午後の会議はどれくらいの長さになるでしょうか。**

1　1時間です。　　　　　　　　　　　**2　2時間です。**

3　3時間です。　　　　　　　　　4　4時間です。

- -

📝 午前中の会議が長かったので，午後の会議が短くなることを望んでいるAに対して，BがIt'll（= The meeting will）be two hours.（それは2時間でしょうね。）と言っていることから，**2**が適切。**4**は午前中の会議の時間。

📖 WORDS&PHRASES

□ **meeting**―会議　　□ **hour**―1時間　　□ **I hope 〜.**―〜だといいと思う。

No.12

A: I bought these postcards for you at City Zoo.

B: Thanks. It opened last week, didn't it?

A: Yeah, I went on the first day. The baby penguins were cute.

B: That sounds great.

> Question　**What are they talking about?**

- -

A: 市立動物園であなたにこの絵ハガキを買ったのよ。

B: ありがとう。そこは先週オープンしたんだよね。

A: そうなの。初日に行ってきたわ。赤ちゃんペンギンがかわいかったわ。

B: いいねえ。

> 質問　**彼らは何について話していますか。**

1　少年の一番好きな店です。

2　少女が動物園に行ったことです。

3　彼らのペットです。

4　彼らの来週末の計画です。

　Aが市立動物園で絵ハガキを買ったことや，オープン初日に行ったこと，また，赤ちゃんペンギンがかわいかったなどと言っていることから，**2**が適切。

📖 WORDS&PHRASES

□ **postcard**─絵ハガキ　　□ **penguin**─ペンギン　　□ **sound**─〜に聞こえる

No.13

A: Can I help you, ma'am?
B: Yes. I'd like a large umbrella.
A: OK. We have them in blue or red.
B: I'll take a red one, please.

Question　**What kind of umbrella does the woman want?**

A: 何かお手伝いいたしましょうか，奥様？
B: はい。大きなかさが欲しいのですが。
A: かしこまりました。青か赤のがございます。
B: 赤いのをいただきます。

質問　女性はどのような種類のかさを欲しいと思っていますか。

1　小さな赤いものです。　　　　2　小さな青いものです。
3　大きな赤いものです。　　　　4　大きな青いものです。

　I'd like a large umbrella. (大きなかさが欲しい。)と言ったあとに，I'll take a red one (= umbrella), please.(赤いのをいただきます。)と答えていることから，**3**が適切。

📖 WORDS&PHRASES

□ **Can I help you?**─何かお手伝いしましょうか。　　□ **ma'am**─奥様

No.14

A: Is today's drama club meeting in the library?
B: No. Mr. Phillips said we can use Room 312.
A: Where's that?
B: Next to the cafeteria.

Question　**Where will the drama club meeting be held?**

A: 今日の演劇部のミーティングは図書室であるのよね？
B: 違うよ。フィリップス先生が，312教室が使えると言っていたよ。
A: それはどこにあるの？
B: カフェテリアの隣だよ。

質問 **演劇部のミーティングはどこで開催されるでしょうか。**

1 カフェテリアでです。　　　　　　2 312教室でです。

3 図書室でです。　　　　　　4 演劇室でです。

 演劇部のミーティングが図書室で行われるのかを聞いたAに対して，Bが違うと言ったあとに，Mr. Phillips said we can use Room 312.（フィリップス先生が，312教室が使えると言っていたよ。）と言っていることから，2が適切。

📖 WORDS&PHRASES

□ drama club — 演劇部　　□ next to ～ — ～の隣に

No.15

A: Hello?

B: Hello. This is Robert, Sally's friend from school. Is she home?

A: Sorry, Robert. Sally's riding her bike in the park.

B: OK. I'll call back later.

Question **What is Sally doing now?**

A: もしもし。

B: もしもし。ぼくはサリーの学校の友人のロバートです。彼女は家にいますか。

A: ごめんなさい，ロバート。サリーは公園で自転車に乗っているわ。

B: わかりました。あとでかけなおします。

質問 **サリーは今何をしていますか。**

1 学校で勉強しています。　　　　　　2 公園で本を読んでいます。

3 自転車に乗っています。　　　　　　4 ロバートと話しています。

 サリーに電話をかけてきたロバートに対して，サリーの母親がSally's riding her bike in the park.（サリーは公園で自転車に乗っているわ。）と言っていることから，3が適切。

📖 WORDS&PHRASES

□ be home — 家にいる　　□ call back — 電話をかけなおす　　□ later — あとで

No.16

A: What time does this train arrive at the airport?

B: About 2:15.

A: Our flight leaves at three.

B: I know. We'll have 45 minutes, so we should be fine.

Question **What time is their flight?**

A: この電車は何時に空港に到着しますか。

B: 2時15分ごろです。

A: 私たちの便は3時に出発します。

B: わかっています。45分ありますから，大丈夫のはずです。

質問 彼らの便は何時ですか。

1 2時15分です。

2 3時です。

3 3時45分です。

4 4時5分です。

 Aが Our flight leaves at three.（私たちの便は3時に出発します。）と言っていることから，**2**が適切。

📖 WORDS&PHRASES

□ **about**—約　　□ **flight**—フライト，便　　□ **be fine**—大丈夫である

No.17

A: Greg, have you done your science homework?

B: Not yet, Ms. Lee.

A: You have to finish it by today.

B: I'll stay after school and do it.

Question **Why will Greg stay after school?**

A: グレッグ，理科の宿題は終わりましたか？

B: まだです，リー先生。

A: 今日までにそれを終わらせなければいけませんよ。

B: 放課後残ってやります。

質問 なぜグレッグは放課後残るのですか。

1 リー先生の教室を掃除するためです。

2 理科の本を探すためです。

3 理科のテストを受けるためです。

4 宿題をするためです。

 先生から宿題を終えたかを聞かれたグレッグが，Not yet（まだです）と答えたところ，You have to finish it by today.（今日までにそれを終わらせなければいけませんよ。）と先生に言われていることから，グレッグの do it は「宿題をする」ことだとわかるので，**4**が適切。

📖 WORDS&PHRASES

□ **science**—理科，科学　　□ **Not yet.**—まだです。　　□ **by ~**—~までに

No.18

A: Excuse me. Is that your dog?

B: Yes.

A: Sorry, but you can't bring dogs into this park.

B: Oh, I didn't know that. I'll get him and leave right away.

Question **What will the woman do next?**

- -

A: すみません。あれはあなたの犬ですか？

B: はい。

A: 申し訳ありませんが，犬をこの公園に連れてくることはできないんです。

B: あら，知りませんでした。犬を連れてすぐに出ます。

質問 **女性は次に何をするつもりですか。**

1 彼女の犬と公園を出ます。

2 その男性の犬を探します。

3 その男性に公園を案内します。

4 新しいペットを買います。

- -

✅ 犬を公園に連れてくることができないと言われたBが，I'll get him and leave right away.（彼を連れてすぐに出ます。）と言っている。him は「彼女の犬」を表すことから，1 が適切。

📖 WORDS&PHRASES

□ **bring ~ into …** ― ~を…に連れてくる　　□ **right away** ― すぐに

No.19

A: Mom, do you remember the letter I sent to my favorite singer?

B: Yeah.

A: Well, look at this. She sent me back a postcard!

B: Wow! Your friends will be so surprised.

Question **Who sent the boy a postcard?**

- -

A: お母さん，ぼくが大好きな歌手に送った手紙のこと覚えてる？

B: ええ。

A: ねえ，これ見て。彼女がはがきを返信してくれたんだ！

B: わー！　友達がすごく驚くわよ。

質問 **だれがその少年にはがきを送りましたか。**

1 彼の親友です。　　　　　　　　2 クラスの少女です。

3 彼の母親です。　　　　　　　　4 歌手です。

- -

✅ AがShe sent me back a postcard!（彼女がはがきを返信してくれたんだ！）

と言っていることから，**4**が適切。She は最初のＡのセリフから，「大好きな歌手」であることがわかる。

📖 WORDS&PHRASES
☐ **remember**──〜を覚えている　　☐ **send＋人＋back** 〜──〜を人に送り返す

No.20

A: You studied in Scotland last year, right?

B: Yeah, but only for six months.

A: Were you there during winter?

B: No. I went in spring and came home in fall.

Question **When did the man come back from Scotland?**

A: あなたは昨年スコットランドで勉強したのよね。

B: そうだよ，でも6か月間だけだよ。

A: 冬の間そこにいたの？

B: いや。春に行って，秋に帰ってきたんだ。

質問 **男性はいつスコットランドから戻ってきましたか。**

1　春にです。　　　　　　　　　　　2　夏にです。

3　秋にです。　　　　　　　　　　4　冬にです。

🔷 Ｂの2番目のセリフで，I went in spring and came home in fall.（春に行って，秋に帰ってきたんだ。）と言っていることから，**3**が適切。

📖 WORDS&PHRASES
☐ **〜, right?**──〜だよね？　　☐ **only**──〜だけ

リスニングテスト第3部 （問題　p.027 ～ 028）

No.21

Pam often travels for work. Next month, she'll go to Chicago. She has only been there once. She has been to New York three times. Last year, she went to Los Angeles many times.

> Question **How many times has Pam been to Chicago?**

パムはよく仕事で旅行をします。来月彼女はシカゴに行く予定です。彼女はそこには1回だけ行ったことがあります。彼女はニューヨークに3回行ったことがあります。昨年，彼女はロサンゼルスに何度も行きました。

> 質問 **パムは何回シカゴに行ったことがありますか。**

1　1回です。　　　　　　　　　　2　2回です。
3　3回です。　　　　　　　　　　4　何度もです。

✎ She has only been there once.（彼女はそこには1回だけ行ったことがあります。）と言っており，there は Chicago を指すことから，1 が適切。

📖 WORDS&PHRASES
□ **once** — 1回　　□ **has been to ～** — ～に行ったことがある　　□ **～ times** — ～回

No.22

Shun started junior high school in April. He was surprised when school started because he had a lot more homework than in elementary school. Shun now spends an hour every day doing his homework.

> Question **Why was Shun surprised when he started junior high school?**

シュンは4月に中学校が始まりました。彼は，小学校のときよりも宿題がはるかに多かったので，学校が始まったとき驚きました。シュンは今，宿題をするのに毎日1時間費やしています。

> 質問 **なぜシュンは中学校が始まったとき驚いたのですか。**

1　彼は4月に授業がありませんでした。
2　彼はたくさん宿題がありました。
3　学校がとても大きかったです。
4　新入生がたくさんいました。

✎ 2文目で… because he had a lot more homework than in elementary school.（小学校のときよりも宿題がはるかに多かったので）と言っていること

とから，**2**が適切。

No.23

Eric loves reading. After school, he likes to read at the library. His mother often buys him books. Last Monday, he borrowed a book from his friend Laura. He has to give it back to her tomorrow.

> Question　**Whose book does Eric have to return tomorrow?**

- -

エリックは読書が大好きです。放課後，図書館で本を読むのが好きです。彼の母親はよく彼に本を買ってあげます。この前の月曜日，彼は友達のローラから1冊本を借りました。彼は明日それを彼女に返さなければなりません。

質問　**エリックは明日だれの本を返さなければなりませんか。**

1　学校のです。　　　　　　　　2　図書館のです。
3　彼の母親のです。　　　　　　**4　ローラのです。**

- -

📝　最後に，He has to give it back to her tomorrow.（彼は明日それを彼女に返さなければなりません。）と言っている。その直前の文から，it は a book from his friend Laura（友達のローラから借りた本）であることがわかるので，**4**が適切。

No.24

Cathy and her sisters help their parents with the housework. Cathy makes dinner on weekdays. Her older sister does the dishes. Her younger sister cleans the bathroom.

> Question　**What is Cathy's job at home?**

- -

キャシーと彼女の姉妹は両親の家事を手伝います。キャシーは平日に夕食を作ります。彼女の姉は皿洗いをします。彼女の妹はお風呂を掃除します。

質問　**家でのキャシーの仕事は何ですか。**

1　彼女はベッドを整えます。　　　2　彼女はお皿を洗います。
3　彼女は夕食を作ります。　　　4　彼女はお風呂を掃除します。

- -

📝　2文目でCathy makes dinner on weekdays.（キャシーは平日に夕食を作ります。）と言っていることから，**3**が適切。

□ **help＋人＋with ～**—人の～を手伝う   □ **parents**—両親   □ **housework**—家事

No.25

🔊

When I was young, my favorite baseball player was Sam Wilder. My friends at school liked him, too. Now, he is the coach of a baseball team in Japan.

| Question | **What does Sam Wilder do now?** |

若いとき，私の一番好きな野球選手はサム・ウィルダーでした。学校の友人も彼が好きでした。現在，彼は日本の球団のコーチをしています。

| 質問 | **サム・ウィルダーは今何をしていますか。** |

1 彼は野球選手です。　　　　　2 彼は野球のコーチです。
3 彼は日本語の先生です。　　　4 彼は体育の先生です。

📝 最後に Now, he（＝Sam Wilder）is the coach of a baseball team in Japan.
（現在，彼は日本の球団のコーチをしています。）と言っていることから，**2**
が適切。

□ **favorite**—一番好きな   □ **coach**—コーチ

No.26

🔊

Luke loves gardening. He has three apple trees, but tomorrow he's going to cut one down. He wants to plant a lemon tree instead.

| Question | **What will Luke do tomorrow?** |

ルークは庭仕事が大好きです。彼は3本のリンゴの木を持っていますが，明日，1本を伐採する予定です。彼はその代わりにレモンの木を1本植えたいと思っています。

| 質問 | **ルークは明日何をするつもりですか。** |

1 いくつかリンゴを買います。　　2 レモンパイを作ります。
3 木を伐採します。　　　　　　　4 園芸店に行きます。

📝 2文目で，… tomorrow he's going to cut one down.（明日，1本を伐採する予定です。）と言っている。one は an apple tree を表すので，**3**が適切。

□ **gardening**—庭仕事   □ **cut ～ down**—～を伐採する   □ **plant**—～を植える

No.27

Hello, everyone. This morning, you're going to take a test on European

history, so please put your books in your desks. All you need is a pencil and an eraser.

> Question　**Where is the man talking?**

こんにちは，皆さん。今朝はヨーロッパ史のテストを受けてもらいますので，机の中に本を入れてください。あなたがたが必要なものは鉛筆と消しゴムだけです。

質問　どこでその男性は話していますか。

1　空港です。　　2　書店です。　　3　美術館です。　　**4　教室です。**

男性が，This morning, you're going to take a test on European history, (今朝はあなたがたにヨーロッパ史のテストを受けてもらいます)と言っていることから，you は「生徒」だと考えられる。そのため，4が適切。

📖 WORDS&PHRASES

□ **take a test**—テストを受ける　□ **European**—ヨーロッパの　□ **history**—歴史

No.28

My mother took me to the park yesterday. I wanted to eat lunch there, but we couldn't because it was too windy. We ate at home instead.

> Question　**What couldn't the girl do yesterday?**

私の母は昨日私を公園に連れていってくれました。私はそこで昼食を食べたかったのですが，あまりに風が強かったので，食べることができませんでした。その代わりに，私たちは家で食べました。

質問　昨日少女は何をすることができませんでしたか。

1　公園で昼食を食べることです。　　2　家で昼食を食べることです。
3　母親と外出することです。　　　　4　母親と食事することです。

2文目で，I wanted to eat lunch there (= at the park), but we couldn't … (私はそこで昼食を食べたかったのですが，できませんでした)と言っているので，1が適切。we couldn't のあとに eat lunch there が省略されている。

📖 WORDS&PHRASES

□ **take＋人＋to 〜**—人を〜に連れていく　□ **windy**—風の強い

No.29

My grandmother's birthday is next Thursday. I'm going to buy her a present after work tonight and send it to her tomorrow morning. I'm thinking of getting her a coffee cup.

> Question　**When will the man send the present to his grandmother?**

私の祖母の誕生日は来週の木曜日です。私は今夜，仕事後に彼女にプレゼントを買い，明日の朝，彼女に送る予定です。彼女にコーヒーカップを買うことを考えています。

質問 **男性はいつプレゼントを祖母に送るつもりですか。**

1 今夜です。

2 明日の朝です。

3 明日の夜です。

4 来週の木曜日です。

✎ 2文目で，I'm going to buy her a present after work tonight and send it to her tomorrow morning.（私は今晩，仕事後に彼女にプレゼントを買い，明日の朝，彼女に送る予定です。）と言っていることから，**2**が適切。**1**はプレゼントを買うとき，**4**は祖母の誕生日。

📖 WORDS&PHRASES

□ **tonight** — 今夜　　□ **think of 〜** — 〜について考える

No.30

🔊

Sara went skiing with her father on Sunday. She had fun in the morning, but in the afternoon she broke her leg. Her father took her to the hospital, and she had to stay there until Monday morning.

Question **What happened on Sunday afternoon?**

サラは日曜日に父親とスキーに行きました。彼女は午前中，楽しい時間を過ごしましたが，午後，脚の骨を折ってしまいました。彼女の父親は彼女を病院に連れていき，彼女は月曜日の朝までそこにいなければいけませんでした。

質問 **日曜日の午後，何が起こりましたか。**

1 サラは脚を骨折しました。

2 サラはスキー板を買いました。

3 サラは退院しました。

4 サラは父親を訪ねました。

✎ 2文目で，… in the afternoon she broke her leg.（午後，彼女は脚の骨を折ってしまいました。）と言っていることから，**1**が適切。

📖 WORDS&PHRASES

□ **have fun** — 楽しい時間を過ごす　　□ **broke** — **break**（〜を折る）の過去形

英検 **3** 級

一次試験・筆記 [p.030 − p.038]

1 (1) 2 (2) 2 (3) 4 (4) 2 (5) 1 (6) 3 (7) 4 (8) 1

(9) 2 (10) 4 (11) 2 (12) 3 (13) 1 (14) 2 (15) 1

2 (16) 1 (17) 1 (18) 4 (19) 2 (20) 3

3A (21) 4 (22) 3

3B (23) 2 (24) 3 (25) 1

3C (26) 4 (27) 3 (28) 3 (29) 2 (30) 1

4 （解答例1）

Yes, I often use a bike in my free time. On weekends, I ride my bike to the park with my friends. Also, riding a bike can be faster than taking a bus or train.

（解答例2）

No, I don't use a bike in my free time. First, riding a bike near my house is dangerous because the traffic is always busy. Second, in fact, I'm not good at riding a bike.

一次試験・リスニング [p.039 − p.044]

第1部 [No.1] 3 [No.2] 2 [No.3] 3 [No.4] 3 [No.5] 3

[No.6] 1 [No.7] 2 [No.8] 1 [No.9] 1 [No.10] 1

第2部 [No.11] 4 [No.12] 2 [No.13] 2 [No.14] 1 [No.15] 3

[No.16] 3 [No.17] 1 [No.18] 4 [No.19] 2 [No.20] 2

第3部 [No.21] 4 [No.22] 1 [No.23] 4 [No.24] 3 [No.25] 4

[No.26] 4 [No.27] 2 [No.28] 1 [No.29] 2 [No.30] 1

(1) *A：* このシャツは私には(サイズが)合いません。小さすぎます。大きいものをいただきたいのですが。

B： もちろんです。お持ちします。

1 〜と戦う　　2 (サイズが)〜に合う　　3 〜を保つ　　4 〜を集める

☑ 空所の直後にIt's (= This shirt is) too small. (それは小さすぎます。)と言って，大きいものが欲しいと言っているので，「(サイズが)〜に合う」という意味の**2**が適切。

📖 WORDS&PHRASES

□ **shirt** — シャツ　　□ **too** — 〜すぎる　　□ **would like** — 〜が欲しい

(2) *A：* どれくらいの間静岡に住んでいるの，クリス？

B： 10歳からずっとここに住んでいます。

1 そして　　2 〜以来　　3 〜より　　4 〜まで

☑ How long have[has] 〜? (どれくらいの間〜していますか。)と聞かれた場合，for 〜 (〜の間)かsince 〜 (〜以来)のどちらかで答えるので，**2**が適切。sinceのあとには過去を表す語句か，過去形の文が続く。

📖 WORDS&PHRASES

□ **How long 〜?** — どれくらいの間〜か。　　□ **since** — 〜以来

(3) ここの天気はたいてい晴れているので，太陽光発電が人気があります。

1 衝撃的な　　2 静かな　　3 南の　　4 太陽の

☑ 文の前半で，The weather here is usually sunny (ここの天気はたいてい晴れている)と言っており，空所の直後のpowerにつながるものとして，**4**が適切。solar powerで「太陽光発電」という意味。

📖 WORDS&PHRASES

□ **weather** — 天気，天候　　□ **usually** — たいてい　　□ **sunny** — 晴れた

(4) ジェニファーの父親は，私たちに道路がとても濡れているので注意深く運転するように言いました。

1 優しく　　2 注意深く　　3 軽く　　4 役立つように

☑ 空所の直後に道路の状態がよくないことが書かれているので，「注意深く運転する」という意味になる**2**が適切。

(5)　A：私はこの用紙にあなたの名前と年齢を書かなければならないの。何歳, タケシ？
　　 B：15歳だよ。

1　年齢　　2　線　　3　空気　　4　首都

✒️　AがHow old are you?（何歳ですか。）とタケシに聞いているのは, 用紙に書くべき内容だからと考えられるので, 1が適切。

(6)　私はオーブンの中にあまりに長い時間ピザを置き忘れたので, それを焦がしました。

1　believe（〜を信じる）の過去形　　2　borrow（〜を借りる）の過去形
3　burn（〜を焦がす）の過去形　　　4　belong（所属している）の過去形

✒️　文の前半で, ピザをオーブンの中に長時間置き忘れたと書かれていて, その結果予想されるのは「ピザが焦げる」ことなので, 3が適切。

(7)　先週, ケリーとボブに男の子の赤ちゃんが産まれました。彼らはその赤ちゃんをアルフレッドと名付けました。

1　spend（〜を費やす）の過去形　　2　tell（〜に言う）の過去形
3　pick（〜を選び取る）の過去形　　4　name（〜を名付ける）の過去形

✒️　1文目で赤ちゃんが産まれたことが書かれており, それに関連する行動として4が適切。name＋A＋Bで「AをBと名付ける」という意味。

(8)　私の兄[弟]は野球の試合でとてもいいプレーをしました。私は彼をとても誇りに思います。

1　誇らしい　　2　親切な　　3　準備ができて　　4　新鮮な

✒️　be proud of 〜で「〜を誇りに思う」という意味を表すので, 1が適切。

(9) *A：* あなたは長い間ジェニファーと知り合いですか。

B： はい。実は，私たちは10年以上前に出会いました。

1　～の間　　2（in factで）実は　　3　～の下で　　4　～の間で

✐　in factで「実は」という意味を表すので，2が適切。

📖 WORDS&PHRASES

□ **known** — **know**（～を知っている）の過去分詞　　□ **over** — ～以上に

(10) *A：* もう7時15分だよ。ティムがまだここに来てないよ。

B： ああ，彼はいつものように遅刻だね。彼は絶対に時間通りには来ないよ。

1　そのほかの　　　　　　　　　　　2　ちょうど

3　最初の　　　　　　　　　　　　　4（as usualで）いつものように

✐　as usualで「いつものように」という意味を表すので，4が適切。

📖 WORDS&PHRASES

□ **already** — すでに　　□ **yet** — （否定文で）まだ～ない　　□ **late** — 遅れる

(11) *A：* 金曜日か土曜日のどちらかで映画に行けるよ。あなたはどちらがいい？

B： 私は土曜日の方がいいな。

1　十分な　　2　どちらか一方の　　3　そのほかの　　4　今までに

✐　either A or Bで「AかBのどちらか一方」という意味を表すので，2が適切。

📖 WORDS&PHRASES

□ **movie** — 映画　　□ **which** — どちら

(12) *A：* 銀行はどこですか。

B： メインストリートをまっすぐ行ってください。左手に見えますよ。

1　～を壊す　　2　～を捕まえる　　3　行く　　4　～を置く

✐　go straightで「まっすぐ行く」という意味を表すので，3が適切。道案内をするときによく用いる表現。

📖 WORDS&PHRASES

□ **where** — どこ　　□ **bank** — 銀行　　□ **on your left** — （あなたの）左側に

(13) A：パーカー先生が私たちに出した宿題のことわかる？
B：いや，わからないよ。
1 関係代名詞のthat　　　　2 疑問副詞のwhen
3 関係代名詞のwho　　　　4 疑問副詞のhow

✏ （　　）Mrs. Parker gave usの部分が直前のthe homework（先行詞）を説明している。先行詞が「人以外」なので，1が適切。3は先行詞が「人」の場合に用いる。

📖 WORDS&PHRASES
□ understand ─ ～を理解する　　□ gave ─ give（～を与える）の過去形

(14) ナオコは友人に手紙を書くことが好きです。
1 ～を書く　　　　　　　　2 writeのing形
3 writeの過去形　　　　　　4 writeの3人称単数現在形

✏ like ～ingで「～することが好きだ」という意味になるので，2が適切。このing形は動名詞で「～すること」という意味を表す。

📖 WORDS&PHRASES
□ like ～ing ─ ～することが好きだ　　□ letter ─ 手紙

(15) A：ミッチ，あなたのヘッドホンを借りたいです。明日持ってきていただけますか。
B：もちろんいいですよ，サラ。問題ないわ。
1 willの過去形　　　　　　2 be動詞の原形
3 現在完了形を作る助動詞　　4 ～すべきだ

✏ Aがヘッドホンを借りたいと言っており，空所を含む文で「明日持ってきていただけますか」とお願いしていると考えられるので，1が適切。Would you ～?は「～していただけませんか。」という意味の依頼の表現。

📖 WORDS&PHRASES
□ want to ～ ─ ～したい　　□ borrow ─ ～を借りる　　□ headphones ─ ヘッドホン

(16)　**販売員**：お手伝いいたしましょうか，お客様。

　　　　客：はい。このジャケットの色が大好きです。試着してもいいですか。

　　販売員：もちろんです。鏡は向こうにございます。

　　　　1　試着してもいいですか。

　　　　2　ここで働いてもいいですか。

　　　　3　これはいくらですか。

　　　　4　エレベーターはどこですか。

- - -

☑　客が販売員に声をかけられて，ジャケットの色が気に入っていることを伝えていること，また，空所のあとで販売員が鏡の場所を教えていることから，Can I try it on?（試着してもいいですか。）の **1** が適切。

📖 WORDS&PHRASES
□ **salesclerk**─販売員　　□ **customer**─客　　□ **need**─〜を必要とする

(17)　　　　**娘**：お父さん，私，来週末に旅行に行く予定なの。お父さんのスーツケースを借りてもいい？

　　　父親：申し訳ないけど，それは壊れているんだ。

　　　　1　それは壊れているんだ。

　　　　2　遅れると思うよ。

　　　　3　行けないよ。

　　　　4　それは必要ないよ。

- - -

☑　娘からスーツケースを借りてもいいかと聞かれた父親が，Sorry（ごめんなさい）と答えていることから，スーツケースを貸せない事情があることがわかる。そのため，**1** が適切。

📖 WORDS&PHRASES
□ **go on a trip**─旅行に行く　　□ **next weekend**─来週末　　□ **suitcase**─スーツケース

(18)　　　**息子**：白いのと青いので，どちらのTシャツを買うべきか選べないよ。

　　　母親：まあ，すぐに決めてちょうだい。もうそろそろ家に帰る時間よ。

　　　　1　私には言わないで。

　　　　2　あなたの寝室の中を見なさい。

　　　　3　今夜それを洗いなさい。

　　　　4　すぐに決めてちょうだい。

- - -

☑　どちらのTシャツを買うか悩んでいる息子に対して，母親が空所のあとで It's almost time to go home.（もうそろそろ家に帰る時間よ。）と言っており，時間

があまりないことがわかるので，**4**が適切。

📖 WORDS&PHRASES

□ **choose**──〜を選ぶ　　□ **which**＋名詞＋**to**〜──どちらの…を〜すべきか

(19) 男性：あれはおいしい夕食だったね。
女性：本当？　私はそうは思わなかったわ。私には辛すぎたわ。
　　　1　私，あなたのも食べられるわよ。
　　　2　私はそうは思わなかったわ。
　　　3　私がそれをするわ。
　　　4　私はお箸を使ったわ。

✅ 夕食がおいしかったと言った男性に対して，女性が Really?（本当？）と驚きを示したり，自分には辛すぎたと言っていることから，男性の意見に同意できないと考えられるので，**2**が適切。

📖 WORDS&PHRASES

□ **delicious**──おいしい　　□ **dinner**──夕食　　□ **Really?**──本当に？　　□ **spicy**──辛い

(20) 女性：アダムは今日はとても疲れているようね。なぜだか知ってる？
男性：彼は昨日マラソン大会に出たと言ってたよ。
　　　1　どちらがあなたのもの？
　　　2　レースは終わったの？
　　　3　なぜだか知っている？
　　　4　いつ彼にたずねたの？

✅ 男性の He said he ran in a marathon …（マラソン大会に出たと言っていた）がアダムの疲れている理由だと考えられるので，その理由についてたずねた**3**が適切。

📖 WORDS&PHRASES

□ **look**＋形容詞──〜に見える　　□ **tired**──疲れている　　□ **said**──**say**（〜と言う）の過去形

本文の意味

ハントリー国際フードフェスティバル

世界中の食べ物を楽しみに来てください。アジア，ヨーロッパ，アフリカ，南アメリカの興味深い料理がありますよ。

日付：9月19日，土曜日
時：午前11時〜午後8時
場所：カールトン公園（ウェストランド駅から5分）
　　㉑もし天気が悪い場合は，ウェストランド大学で開催される予定です。

このフェスティバルには無料で入場できます。そして各料理は3ドルから5ドルかかります。

ハントリーの一番人気のシェフの一人である，ヴァネッサ・ウォンがフェスティバルで中華料理のクラスを教える予定です。㉒この授業の一つに参加するためには，正午前に青いテント内で申し込みをしてください。

(21)　**9月19日に天気がよくない場合，何が起こりますか。**
　1 全員が3ドルの割引を得られます。
　2 全員が一皿無料の料理をもらえます。
　3 フェスティバルが駅で開催されます。
　4 フェスティバルが大学で開催されます。

　　✔　下線部㉑に… it'll（= the food festival will）be held at Westland University.
　　（ウェストランド大学で開催される予定です。）とあるので，**4**が適切。

(22)　**料理の授業を受けたい人は…なければなりません。**
　1 中国食材の料理の仕方を知ら
　2 ヴァネッサ・ウォンにメールを送ら
　3 午前中に青いテントに行か
　4 フェスティバルのウェブサイトを確認し

　　✔　下線部㉒に，please sign up in the blue tent before noon（正午前に青いテント内で申し込みをしてください）とあるので，**3**が適切。

□ **international** ― 国際的な   □ **festival** ― 祭り   □ **around the world** ― 世界中の
□ **interesting** ― 興味深い   □ **Asia** ― アジア   □ **Europe** ― ヨーロッパ
□ **Africa** ― アフリカ   □ **South America** ― 南アメリカ   □ **minute** ― 分
□ **be held** ― 開催される   □ **between A and B** ― AとBの間   □ **popular** ― 人気のある
□ **take part in ～** ― ～に参加する   □ **sign up** ― （参加などを）申し込む

3B

（問題 p.034 ～ 035）

本文の意味

送信者：サム・クラーク
宛先：トモコ・アベ
日付：12月20日
件名：こんにちは

アベさん,
私の名前はサム・クラークです。姉[妹]のシェリー・クラークが9月にポンドビュー
ホテルに滞在しました。彼女を覚えていますか。彼女はあなたのホテルをとても気に
入りましたので，私も3月に東京を訪れるときに滞在したいと思っています。ウェブ
サイトには，英語のホテル情報があまりないため，㉓シェリーが私にあなたのメール
アドレスを教えてくれ，あなたと連絡を取るように言いました。私は3月23日から
3月27日まで滞在したいと思っています。㉔妻と旅行する予定ですので,ダブルルー
ムをお願いします。おいくらになりますか。そして，庭を一望できる部屋を取ること
ができますでしょうか。
よろしくお願いいたします,
サム・クラーク

送信者：トモコ・アベ
宛先：サム・クラーク
日付：12月21日
件名：お部屋代

サム・クラーク様,
メールをありがとうございます。もちろんシェリーのことは覚えております。彼女の
滞在中に彼女とはたくさんお話をしました。3月23日から3月27日までのダブル
ルームは，合計で50,000円かかります。そして，私たちの全てのお部屋はお庭を
眺めていただけます。3月末の東京は通常桜の季節なので，私たちの庭は大変きれい

です。天気がよければ，桜の木の下でお食事ができます。どうかお部屋代にご満足いただけますように。
よろしくお願いいたします，
トモコ・アベ

送信者：サム・クラーク
宛先：トモコ・アベ
日付：12月22日
件名：ありがとう

アベさん，
メールをありがとうございます。お部屋代は申し分ありません。庭の桜の木についても教えてくださってありがとうございます。㉕妻は写真を撮るのが大好きなので，滞在中に庭で写真を撮ることができるととても興奮しています！ 3月に会いましょう。
よろしくお願いいたします，
サム・クラーク

(23) サム・クラークはどのようにトモコ・アベのメールアドレスを手に入れましたか。
　1 ホテルのウェブサイトからです。　　　　　2 彼の姉[妹]からです。
　3 旅行会社からです。　　　　　　　　　　4 彼の妻からです。

　✔ 下線部㉓に注目。… Shelly gave me your e-mail address …（シェリーが私にあなたのメールアドレスを教えてくれた）とあるので， 2 が適切。

(24) サム・クラークはどんな種類の部屋に滞在したいですか。
　1 庭を一望できるシングルルーム。　　　　2 庭が見えないシングルルーム。
　3 庭を一望できるダブルルーム。　　　　　4 庭が見えないダブルルーム。

　✔ 下線部㉔に注目。… I'd like a double room.（ダブルルームをお願いします。）と … will we be able to get a room with a view of the garden?（庭を一望できる部屋を取ることができますでしょうか。）とあることから， 3 が適切。

(25) サム・クラークの妻は何を楽しみにしていますか。
　1 ホテルの庭で写真を撮ることです。
　2 彼女の庭に桜の木を植えることです。
　3 トモコ・アベに会うことです。
　4 シェリーと一緒にピクニックをすることです。

下線部㉕に注目。… she's really excited about taking some (pictures) in the garden …（彼女は庭で写真を撮ることができるととても興奮しています）とあるので，1が適切。

- □ remember — 〜を覚えている　□ also — また　□ information — 情報
- □ tell＋人＋to 〜 — 人に〜するように言う　□ contact — 〜と連絡を取る
- □ travel — 旅行する　□ wife — 妻　□ double — 二人用の　□ cost — （費用が）かかる
- □ be able to 〜 — 〜することができる　□ with a view of 〜 — 〜を一望できる
- □ during — 〜の間　□ at the end of 〜 — 〜の終わりに　□ cherry blossom — 桜
- □ season — 季節　□ price — 値段　□ fine — 申し分ない　□ excited — 興奮した

3C

(問題　p.036 〜 037)

本文の意味

スーパーボウル

　多くのアメリカ人は野球，バスケットボール，サッカーなどのスポーツを見るのが大好きです。しかし，㉖見るのに最も人気のあるスポーツはアメリカンフットボールです。毎年，㉚スーパーボウルと呼ばれる特別なアメリカンフットボールの試合があります。プロのフットボールチームで最も強い2チームがこの試合でプレーします。

　最初のスーパーボウルの試合は1967年にありました。グリーンベイ・パッカーズと呼ばれるチームが勝利しました。㉗2チームがスーパーボウルでは何度も勝利したことがあります。それはピッツバーグ・スティーラーズとニューイングランド・ペイトリオッツです。両チームは6回スーパーボウルで勝利したことがあります。さまざまなチームがスーパーボウルでプレーしています。あるチームが勝つと，ヴィンス・ロンバルディ・トロフィーと呼ばれる特別な賞を受け取ります。㉘ロンバルディは1967年に最初のスーパーボウルで勝利したときのグリーンベイ・パッカーズのコーチでした。

　スーパーボウルの日は非常にわくわくします。その試合はたいてい，2月の最初の日曜日に行われ，この日はよくスーパーボウル・サンデーと呼ばれます。㉙この日には，何百万ものアメリカ人は家にいて，友人や家族とテレビでスーパーボウルを見ます。人々は自分たちの大好きなチームに声援を送ると同時に，ピザやポテトチップ，フライドチキンなどの食べ物を食べるのを楽しみます。非常に多くの人々がスーパーボウルを見るために家にいるので，早く閉店するお店やレストランもあります。

　アメリカンフットボールの選手とファンはスーパーボウルが大好きです。スーパーボウルの日をアメリカの休日にすべきだと考える人もいます。この試合は多くのアメリカ人にとって，いつまでも人気の行事であり続けるでしょう。

(26) どのスポーツが，アメリカ人にとって見るのに最も人気がありますか。
1 野球です。　　　　　　　　　2 バスケットボールです。
3 サッカーです。　　　　　　　4 アメリカンフットボールです。

🔷 下線部(26)に… the most popular sport to watch is American football.（見るのに最も人気のあるスポーツはアメリカンフットボールです。）とあるので，4が適切。

(27) ピッツバーグ・スティーラーズとニューイングランド・ペイトリオッツは
1 最初のスーパーボウルでプレーしました。
2 1967年にグリーンベイ・パッカーズに負けました。
3 それぞれ6回スーパーボウルに勝利したことがあります。
4 同じコーチでした。

🔷 下線部(27)に… Both teams（= the Pittsburgh Steelers and the New England Patriots）have won it（= the Super Bowl）six times.（両チームは6回スーパーボウルで勝利したことがあります。）とあるので，3が適切。

(28) ヴィンス・ロンバルディはだれでしたか。
1 ニューイングランド・ペイトリオッツの最高の選手。
2 あるアメリカンフットボールチームの人気のある料理人。
3 最初のスーパーボウルで勝利したチームのコーチ。
4 スーパーボウル・サンデーの名前を考え出した男性。

🔷 下線部(28)に Lombardi was the coach of the Green Bay Packers when they won the first Super Bowl in 1967.（ロンバルディは1967年に最初のスーパーボウルで勝利したときのグリーンベイ・パッカーズのコーチでした。）とあるので，3が適切。

(29) なぜ何百万人ものアメリカ人がスーパーボウル・サンデーに家にいるのですか。
1 レストランの食べ物があまりに高いです。
2 彼らはテレビで自分たちの大好きなチームに声援を送りたいです。
3 2月はあまりに寒くて外出できないです。
4 スタジアムがあまりに混んでいます。

🔷 下線部(29)に… millions of Americans stay home and watch the Super Bowl on TV with friends and family. … people cheer for their favorite team（人々は自分たちの大好きなチームに声援を送る）とあるので，2が適切。

(30) この話は何に関するものですか。

1 特別なアメリカのスポーツイベント。
2 アメリカンフットボールの最初のコーチの経歴。
3 テレビでスポーツを見る前に作る一番よい食べ物。
4 スポーツをするためのアメリカの休日。

✓ 下線部㉚に…, there is a special American football game called the Super Bowl. (スーパーボウルと呼ばれる特別なアメリカンフットボールの試合があります。) とあり，本文全体を通して，スーパーボウルについて述べられているので，**1** が適切。

📖 **WORDS&PHRASES**

- □ **love ~ing**——~するのが大好きだ　□ **B such as A**——AのようなB
- □ **special**——特別な　□ **called**——~と呼ばれる　□ **best**——**good**(よい)の最上級
- □ **won**——**win**(~に勝利する)の過去形・過去分詞　□ **many times**——何回も
- □ **both**——両方の　□ **different**——異なる　□ **receive**——~を受け取る　□ **award**——賞
- □ **coach**——コーチ　□ **exciting**——わくわくする　□ **usually**——たいてい
- □ **often**——よく　□ **millions of ~**——何百万もの~　□ **stay home**——家にいる
- □ **on TV**——テレビで　□ **while**——~している間，~すると同時に
- □ **cheer for ~**——~に声援を送る　□ **favorite**——大好きな　□ **like**——~のような
- □ **some**——いくつかの　□ **close**——休業する　□ **think**——考える
- □ **holiday**——休日　□ **always**——いつまでも　□ **event**——行事

ライティング

4

質 問 の 意 味

あなたは暇なときによく自転車を使いますか。

解 答 例 1

Yes, I often use a bike in my free time. On weekends, I ride my bike to the park with my friends. Also, riding a bike can be faster than taking a bus or train.

(35 語)

解 答 例 1 の 意 味

はい，私は暇なときによく自転車を使います。週末には，友人と自転車で公園に行きます。また，自転車に乗ることはバスや電車に乗るよりも速いこともあります。

- Do you ～?という質問に対しては，まずYesかNoで答える。2文目で1つ目の理由を述べる。そして，3文目でAlsoを用いて2つ目の理由を付け加えるとよい。最終文の助動詞canは「～がありうる，～することがある」の意味を表す。

解 答 例 2

No, I don't use a bike in my free time. First, riding a bike near my house is dangerous because the traffic is always busy. Second, in fact, I'm not good at riding a bike.

(35 語)

解 答 例 2 の 意 味

いいえ，私は暇なときに自転車は使いません。まず，道路がいつも混んでいるので，家の近くで自転車に乗ることは危険です。2番目に，実は私は自転車に乗るのが得意ではありません。

- Do you ～?という質問に対しては，まずYesかNoで答える。次に，First, ～.でその理由を述べ，Second, ～.で2つ目の理由を付け加える。The traffic is busy. は「道路が混んでいる」，be good at ～ing は「～するのが得意である」という意味を表す。

リスニングテスト第1部

（問題　p.039 〜 040）

〈例題〉

A: I'm hungry, Annie.　「おなかがすいたよ，アニー。」
B: Me, too. Let's make something.　「私も。何か作りましょう。」
A: How about pancakes?　「パンケーキはどう？」
　1　On the weekend.　　　1　「週末に。」
　2　For my friends.　　　2　「私の友達のためよ。」
　3　**That's a good idea.**　　　3　**「それはいい考えね。」**

No.1

A: It's 9:15. Where are you?　「9時15分だよ。どこにいるの？」
B: I'm at the train station.　「駅にいるわ。」
A: Will you be on time for the meeting?　「会議に間に合う？」
　1　That's kind of you.　　　1　「ご親切にありがとう。」
　2　Here's my ticket.　　　2　「私のチケットはここにあるわ。」
　3　**I don't think so.**　　　3　**「間に合わないと思うわ。」**

No.2

A: Why are you reading about France?　「なぜフランスについての本を読んでいるの？」
B: We're going to open a new office there.　「フランスに新しい事務所を開くんだ。」
A: When?　「いつ？」
　1　On a business trip.　　　1　「出張でね。」
　2　**At the start of next year.**　　　2　**「来年の初めにね。」**
　3　Not far from Paris.　　　3　「パリから遠くないよ。」

- -

✎ When 〜?（いつ〜ですか。）は時を問う疑問文。「来年の初めにね。」と事務所を開く時期を答えている **2** が適切。

No.3

A: Bill, are you ready for your swimming lesson?　「ビル，水泳のレッスンの準備はできたの？」
B: Yes, Mom.　「うん，お母さん。」
A: Do you have your towel?　「タオルはあるの？」
　1　I'll be finished by six.　　　1　「6時までには終わるよ。」
　2　I'm enjoying them.　　　2　「楽しんでいるよ。」

          3 It's in my bag.   │   3「バッグの中に入っているよ。」

No.4

A: Hi, Mom.   「やあ，お母さん。」
B: Is baseball practice over?   「野球の練習は終わったの？」
A: Yes. Can you come and pick   「うん。ぼくを迎えに来てくれる？」
    me up?
    1 Say hello to the coach.   1「コーチによろしく伝えてね。」
    2 It's in the car.   2「それは車の中にあるよ。」
    3 I'll be there in 10   3「10 分後に行くわ。」
       minutes.

No.5

A: Where are you from?   「あなたはどこ出身ですか。」
B: Canada.   「カナダですよ。」
A: How long will you be in   「どれくらいの間フランスにいるつもり
    France?   ですか。」
    1 I'm on vacation.   1「今休暇中なんです。」
    2 French food is delicious.   2「フランス料理はとてもおいしいで
                                           すね。」
    3 For another week.   3「もう1週間です。」

📘 How long ～?（どれくらいの期間～ですか。）は期間を問う疑問文。「もう1
   週間です。」とフランスでの滞在期間を答えている **3** が適切。

No.6

A: Do you have any brothers or   「君は兄弟か姉妹はいるの？」
    sisters?
B: Yes, I have one sister.   「ええ，姉妹が一人いるわ。」
A: Is she older than you?   「君より年上なの？」
    1 No, she's two years   1「いいえ，彼女は2歳年下よ。」
       younger.
    2 Yes, I went with my   2「ええ，兄[弟]と一緒に行ったの。」
       brother.
    3 Right, I've met your family.   3「そうよ，あなたの家族に会ったわ。」

No.7

A: Excuse me. Do you sell juice?   「すみません。ジュースは売っています
                                           か。」
B: Yes. What kind are you   「はい。どんな種類をお探しですか。」

looking for?
A: Grapefruit juice.　　　　　　　　「グレープフルーツジュースです。」
　1　Sorry, I'll clean it for you.　　　1「すみません，あなたのためにそれ
　　　　　　　　　　　　　　　　　　　をきれいにしますね。」
　2　Sorry, we don't have that.　　**2「すみません，それはございませ
　　　　　　　　　　　　　　　　　　　ん。」**
　3　Sorry, I'm not thirsty.　　　　　3「すみません，のどは乾いていませ
　　　　　　　　　　　　　　　　　　　ん。」

No.8

🔊

A: When is your driving test?　　　　「あなたの運転試験はいつなの？」
B: Tomorrow. I'm getting　　　　　　「明日だよ。緊張してきたよ。」
　　nervous.
A: Don't worry. You'll pass.　　　　　「心配しないで。合格するわよ。」
　1　I hope you're right.　　　　　　**1「そうだといいなあ。」**
　2　It's my first car.　　　　　　　　2「それがぼくの最初の車だよ。」
　3　It's already finished.　　　　　　3「それはすでに終わったよ。」

No.9

🔊

A: Excuse me. I think I left my　　　「すみません。昨日ここに帽子を置き忘
　　hat here yesterday.　　　　　　　れたと思うのですが。」
B: Is it yellow?　　　　　　　　　　「黄色のものですか。」
A: That's right.　　　　　　　　　　　「そうです。」
　1　I'll go and get it for you.　　　　**1「取ってまいります。」**
　2　Sorry, it's sold out.　　　　　　2「すみません，売り切れました。」
　3　We have a new uniform.　　　　3「私たちには新しい制服がありま
　　　　　　　　　　　　　　　　　　　す。」

No.10

🔊

A: Are there any bookstores　　　　　「この辺りに本屋さんはあるかな？」
　　around here?
B: Yeah, there are a few.　　　　　　「ええ，何軒かあるわよ。」
A: Where's the nearest one?　　　　　「一番近いお店はどこかな？」
　1　Just around that corner.　　　　**1「あの角を曲がったところよ。」**
　2　In my room.　　　　　　　　　　2「私の部屋の中よ。」
　3　From a store at the airport.　　3「空港のお店からよ。」

◢ Where's[Where is] 〜?（〜はどこにありますか。）は，場所を問う疑問文。「あ
　の角を曲がったところよ。」と書店の場所を答えている1が適切。

リスニングテスト第2部 （問題　p.041 ～ 042）

No.11

A: Hi, Victoria. You look happy. What happened?

B: My aunt gave me her piano.

A: That's great. Why?

B: She's moving to Italy, and she can't take it with her.

Question　**Why is Victoria happy?**

A: やあ，ビクトリア。うれしそうだね。何があったの？

B: おばが私に彼女のピアノをくれたのよ。

A: それはすごいね。どうしてなの？

B: 彼女はイタリアに引っ越すから，それを持っていくことができないのよ。

質問　**なぜビクトリアはうれしいのですか。**

1　彼女はイタリアに引っ越します。

2　彼女はコンサートを見ました。

3　彼女はおばの家に行きました。

4　彼女はピアノをもらいました。

📝　Aがうれしそうなビクトリアに何があったのかをたずねると，My aunt gave me her piano.（おばが私に彼女のピアノをくれたのよ。）と答えていることから，4が適切。

📖 WORDS&PHRASES

□ **look**＋形容詞 ― ～に見える　　□ **happened** ― **happen**(起こる)の過去形

No.12

A: When is our school trip?

B: On May 21st. It'll cost $20.

A: When do we have to pay?

B: By May 15th.

Question　**When do they need to pay for the school trip?**

A: 遠足はいつなの？

B: 5月21日だよ。20ドルかかるんだ。

A: いつ支払わなければならないの？

B: 5月15日までだよ。

質問　**彼らはいつ遠足の費用を払う必要がありますか。**

1　5月5日までです。　　　　　　　2　5月15日までです。

3 5月20日までです。　　　　　4 5月21日までです。

- -

 AがWhen do we have to pay?（いつ支払わなければならないの？）と聞いたのに対して，BがBy May 15th.（5月15日までだよ。）と答えていることから，2が適切。4の21日は遠足の日。

📖 WORDS&PHRASES

□ **school trip**──遠足，修学旅行　　□ **May**──5月　　□ **cost**──（費用が）かかる

No.13

A: Are you joining the tennis club, Janet?
B: Not this year. I'm going to try the cooking club.
A: Sounds fun. I'll join the speech club.
B: That's nice.

Question　**Which club will Janet join?**

- -

A: 君はテニス部に入るのかい，ジャネット？
B: 今年は入らないわ。料理部に入ってみる予定よ。
A: 楽しそうだね。ぼくはスピーチ部に入るつもりだよ。
B: それはいいわね。

質問 ジャネットはどのクラブに入るつもりですか。

1 テニス部です。　　　　　　　2 料理部です。
3 スピーチ部です。　　　　　　4 演劇部です。

- -

✔ Aからテニス部に入るのかと聞かれたジャネットが，I'm going to try the cooking club.（料理部に入ってみる予定よ。）と答えていることから，2が適切。

📖 WORDS&PHRASES

□ **join**──～に加入する　　□ **this year**──今年　　□ **try**──～を試す

No.14

A: Welcome, Grandma. Come in.
B: Wow, your house is beautiful! And it's so close to the station.
A: Yeah. It's close to my office, too.
B: You're lucky.

Question　**Where are they talking?**

- -

A: ようこそ，おばあちゃん。入ってよ。
B: わあ，あなたの家はきれいね！　そして駅に近いのね。
A: そうなんだ。会社にも近いんだよ。

B: ついているわね。

質問 **彼らはどこで話していますか。**

1 男性の家でです。　　　　　　　2 女性の家でです。

3 男性の会社でです。　　　　　　4 駅でです。

男性の最初のセリフから，祖母をどこかに招き入れていることがわかる。そのあとで，祖母が … your house is beautiful!（あなたの家はきれいね！）と言っていることから，1 が適切。

WORDS&PHRASES

□ **Welcome.** — ようこそ。　　□ **come in** — 中に入る　　□ **beautiful** — きれいな

No.15

A: Mom, I don't want any dinner today.

B: Are you OK? Hmm, your face is red.

A: My stomach hurts, too.

B: I'll get some medicine for you.

Question **What is the boy's problem?**

A: お母さん，今日は夕食を食べたくないよ。

B: 大丈夫？　うーん，顔が赤いわね。

A: 胃も痛いんだ。

B: 薬を取ってくるわね。

質問 **少年の問題は何ですか。**

1 母親が彼のことを怒っています。

2 彼はお腹がすいています。

3 彼は体調がよくありません。

4 彼は夕食を作ることができません。

少年が最初に夕食を食べたくないと母親に伝えたあとに，My stomach hurts, too.（胃も痛いんだ。）と言っていることから，体調が悪いことがわかる。そのため 3 が適切。

WORDS&PHRASES

□ **stomach** — 胃，お腹　　□ **hurt** — 痛む　　□ **medicine** — 薬

No.16

A: Welcome to the Brighton Food Festival. Would you like some beef stew?

B: How much is it?

A: Five dollars a plate. It's the most popular dish here.

B: I'll think about it.

What is the woman trying to do?

A: ブライトンフードフェスティバルへようこそ。ビーフシチューはいかがですか。

B: いくらですか。

A: 一皿5ドルです。こちらで一番人気のあるお料理ですよ。

B: 考えてみますね。

質問 **女性は何をしようとしているのですか。**

1 牛肉を買うことです。　　　　2 お皿を見つけることです。

3 男性にシチューを売ることです。　4 お祭りを去ることです。

📝 女性が男性に Would you like some beef stew?（ビーフシチューはいかがですか。）と言ったあとに，Five dollars a plate.（一皿5ドルです。）と値段を伝えていることから，ビーフシチューを売っていることがわかるので，3が適切。

📖 WORDS&PHRASES

□ **Would you like 〜?** — 〜はいかがですか。　□ **beef stew** — ビーフシチュー

No.17

A: Have you been to the gym this week?

B: I planned to go after dinner on Monday, but I was too tired.

A: I went after work on Wednesday.

B: That's good.

What did the man do after work on Wednesday?

A: 今週ジムには行ったの？

B: 月曜日の夕食後に行く予定だったんだけど，あまりに疲れてしまって。

A: ぼくは水曜日の仕事のあとに行ったんだ。

B: それはよかった。

質問 **男性は水曜日の仕事のあとに何をしましたか。**

1 彼はジムに行きました。　　　　2 彼は夕食を作りました。

3 彼は旅行を計画しました。　　　4 彼は早く寝ました。

📝 男性が女性にジムに行ったのかとたずねたあとに，2番目のセリフで I went after work on Wednesday.（ぼくは水曜日の仕事のあとに行ったんだ。）と言っていることから，1が適切。

📖 WORDS&PHRASES

□ **gym** — ジム，体育館　　□ **plan to 〜** — 〜する予定だ　　□ **too** — あまりに

No.18

A: Do we have a drama club meeting today, Mr. Clark?
B: Yes, at four o'clock.
A: Will it be in the library?
B: No. The library is closed today, so it'll be in the cafeteria.

Question **Where will the meeting be held?**

A: 今日演劇部のミーティングはありますか，クラーク先生？
B: はい，4時にありますよ。
A: 図書館でですか。
B: ちがいますよ。図書館は今日閉まっているので，食堂でやります。

質問 **ミーティングはどこで開かれますか。**
1　図書館でです。　　　　　　　　2　演劇部の部室でです。
3　クラーク先生の教室でです。　　**4　食堂でです。**

Aがクラーク先生に Will it（= a drama club meeting）be in the library?
（それは図書館でですか。）と聞いたのに対して，先生が… it'll be in the
cafeteria.（食堂でやります。）と言っているので，**4**が適切。

📖 WORDS&PHRASES
　□ **drama club** — 演劇部　　□ **meeting** — 会議，ミーティング　　□ **closed** — 閉まっている

No.19

A: Excuse me. Can I have 20 roses, please?
B: Sure. What color would you like?
A: Twelve red ones, and eight white ones.
B: OK. Just a moment.

Question **How many red roses does the man want?**

A: すみません。バラを 20 本いただけますか。
B: もちろんです。何色がよろしいですか。
A: 赤いバラを 12 本と，白いバラを 8 本ください。
B: わかりました。少々お待ちください。

質問 **男性は何本の赤いバラが欲しいですか。**
1　8本です。　　　　　　　　　　**2　12本です。**
3　18本です。　　　　　　　　　　4　20本です。

何色のバラがいいかを聞かれた男性が，Twelve red ones（= roses）と答え
ているので，**2**が適切。1は白いバラの本数。

No.20

A: What kind of sauce would you like on your vanilla ice cream, Sally?

B: Chocolate, please.

A: Would you like strawberries and cherries, too?

B: No, thanks.

Question **What does the girl want on her ice cream?**

- -

A: バニラアイスにどんな種類のソースをかけたいですか，サリー？

B: チョコレートソースをお願いします。

A: いちごとさくらんぼもいかが？

B: いいえ，結構です。

質問 **少女は自分のアイスクリームに何をかけたいと思っていますか。**

1　バニラソースです。　　　　　2　チョコレートソースです。

3　いちごです。　　　　　　　　4　さくらんぼです。

- -

✏️ どんなソースをかけたいかを聞かれた少女が Chocolate, please. (チョコ
レートをお願いします。) と言っているので，**2** が適切。

📖 WORDS&PHRASES

□ **kind** — 種類　□ **sauce** — ソース　□ **ice cream** — アイスクリーム

リスニングテスト第3部 （問題 p.043～044）

No.21

Yesterday, I took the train home from school. A woman sat down next to me. After she got off the train, I saw her handbag on the seat, so I gave it to somebody at the next station.

<u>Question</u> **What happened on the train?**

昨日，ぼくは学校から家に帰るために電車に乗りました。ある女性がぼくの隣に座りました。彼女が電車を降りたあと，ぼくは座席に彼女のハンドバッグを見たので，次の駅で，それをある人に渡しました。

質問 **電車で何が起きましたか。**
1 少年が友達に会いました。
2 少年が降りるのを忘れました。
3 ある女性が座ることができませんでした。
4 ある女性がハンドバッグを忘れました。

✔ 3文目で，少年の隣に座っていた女性が電車を降りたあとに，I saw her handbag on the seat（ぼくは座席に彼女のハンドバッグを見ました）と言っており，女性が忘れたと考えられるので，**4**が適切。

📖 WORDS&PHRASES
□ **took** — take（～に乗る）の過去形　　□ **next to ～** — ～の隣に

No.22

Mark is reading a science fiction book about a girl who can fly. He likes mystery books better, so he'll go to the bookstore this weekend to buy one.

<u>Question</u> **What will Mark buy at the bookstore?**

マークは飛ぶことができる少女についての SF の本を読んでいます。彼は推理小説のほうが好きなので，その本を買うために，今週末に書店に行くつもりです。

質問 **マークは書店で何を買うつもりですか。**
1 推理小説です。　　　　　　　　　2 SF の本です。
3 料理本です。　　　　　　　　　　4 理科の教科書です。

✔ 2文目で，… he'll go to the bookstore this weekend to buy one（= a mystery book）と言っているので，**1**が適切です。

📖 WORDS&PHRASES
□ **science fiction** — SF　　□ **who** — 関係代名詞（先行詞が人）　　□ **fly** — 飛ぶ

No.23

Welcome to Northwest Department Store's winter sale. Men's clothes are on the second floor, and women's clothes are on the third. Kids' clothes are on the fourth floor. Everything is 30 percent off!

Question **Where can people find children's clothes?**

ノースウェストデパートの冬のセールにようこそ。紳士服は2階にございます。そして婦人服は3階にございます。子ども服は4階にございます。全て30パーセントオフでございます！

質問 人々は子ども服をどこで見つけることができますか。

1 1階です。 2 2階です。
3 3階です。 **4 4階です。**

☑ 3文目でKids' clothes are on the fourth floor.（子ども服は4階にございます。）と言っているので，**4**が適切。

📖 WORDS&PHRASES
□ **sale**—特売，セール □ **men**—**man**（男性）の複数形 □ **second**—2番目の

No.24

I've been to Hawaii twice. Three years ago, I went there to visit my uncle, and last year I went for five days on a school trip. It's my favorite place.

Question **When did the girl first go to Hawaii?**

私は2回ハワイに行ったことがあります。3年前，私はおじを訪ねるためにそこに行き，去年，修学旅行で5日間行きました。そこは私の大好きな場所です。

質問 少女が最初にハワイに行ったのはいつですか。

1 去年です。 2 2年前です。
3 3年前です。 4 5年前です。

☑ 冒頭で，ハワイに2回行ったことがあると言ったあとで，Three years ago, I went there（＝to Hawaii）to visit my uncle（3年前おじを訪ねるためにそこに行きました）と言っているので，**3**が適切。

📖 WORDS&PHRASES
□ **have been to ～**——～に行ったことがある □ **uncle**—おじ

No.25

Last week, we had an art contest at school. My friend Betty won first prize, and Cindy got second. Their pictures were amazing, but my favorite was Lucy's.

Whose picture did the boy like the best?

先週，ぼくたちは学校で美術展がありました。友人のベティが１位を取り，シンディが２位を取りました。彼女たちの絵はすばらしかったですが，ぼくの一番好きなのはルーシーのでした。

質問 **少年はだれの絵が一番好きでしたか。**

1　彼のです。　　　　　　　　　　2　ベティのです。

3　シンディのです。　　　　　　**4　ルーシーのです。**

✔️ 最後に… my favorite（picture）was Lucy's.（ぼくの一番好きなのはルーシーのでした。）と言っているので，4が適切。

📖 WORDS&PHRASES

□ **art contest**̶美術展　　□ **won**̶win（〜を獲得する）の過去形　　□ **prize**̶賞

No.26

Noriko lives in a small town in England, but her family lives in Japan. Next week, she'll fly to Osaka to see her parents. She hasn't seen them for two years, so she's very excited.

Question **What is Noriko going to do next week?**

ノリコはイングランドの小さな町に住んでいますが，彼女の家族は日本に住んでいます。来週，彼女は両親に会いに飛行機で大阪に行く予定です。彼女は２年間両親に会っていないので，とてもわくわくしています。

質問 **ノリコは来週何をする予定ですか。**

1　日本語の授業を教えます。　　　2　イングランドに行きます。

3　彼女の家族に手紙を送ります。　**4　両親を訪ねます。**

✔️ ２文目で，Next week, she'll fly to Osaka to see her parents.（来週，彼女は両親に会いに飛行機で大阪に行く予定です。）と言っているので，4が適切。

📖 WORDS&PHRASES

□ **town**̶町　　□ **England**̶イングランド　　□ **fly to 〜**̶〜に飛行機で行く

No.27

I'm the coach of a professional soccer team. We have a big game tomorrow, but our best player is sick. I'm worried because he probably won't be able to play.

Question **Why is the man worried?**

私はプロのサッカーチームのコーチです。私たちは明日大きな試合がありますが，

一番よい選手は具合が悪いです。彼はおそらくプレーできないので私は心配です。

質問 **なぜ男性は心配していますか。**

1 彼のチームは一度も大きな試合で勝っていません。

2 **彼のチームの一番よい選手が具合が悪いです。**

3 彼は自分のサッカーボールを見つけることができません。

4 彼は風邪を引いてしまいました。

- -

📝 最後に I'm worried because he probably won't be able to play.（彼はおそ
らくプレーできないので私は心配です。）と言っているが，その直前の … our
best player is sick. が彼がプレーできない理由にあたるので，2 が適切。

📖 WORDS&PHRASES

□ **coach** — コーチ □ **professional** — プロの □ **best** — **good**（よい，上手な）の最上級

No.28

🔊

I play tennis three times a week. I play with my husband on Mondays, and I
play with my friends from work on Saturdays and Sundays.

Question **How often does the woman play tennis with her husband?**

- -

私は週3回テニスをします。毎週月曜日に夫とテニスをし，毎週土曜日と日曜日
には仕事の友人とテニスをします。

質問 **女性はどのくらいの頻度で夫とテニスをしますか。**

1 **週に1回です。**　　　　　　　　2 週に2回です。

3 週に3回です。　　　　　　　　4 週に4回です。

- -

📝 2文目に I play with my husband on Mondays（毎週月曜日に夫とテニスを
します）とあるので，1 が適切。2 は女性が友達とテニスをする回数，3 は
女性が1週間にテニスをする回数。

📖 WORDS&PHRASES

□ **～ times** — ～回 □ **husband** — 夫 □ **on Mondays** — 毎週月曜日に

No.29

🔊

John is going to make chicken curry for his friends tonight. He already has
some chicken, but he needs to get some vegetables at the supermarket. He'll
do that this afternoon.

Question **What does John have to do this afternoon?**

- -

ジョンは今夜友人にチキンカレーを作る予定です。彼はすでに鶏肉はありますが，
スーパーで野菜を買う必要があります。彼は今日の午後それをするつもりです。

質問 **今日の午後，ジョンは何をしなければいけませんか。**

1 カレーレストランに行きます。
2 野菜を買います。
3 スーパーで働きます。
4 養鶏場を訪れます。

📘 最後に He'll do that this afternoon. と言っているが, do that は get some vegetables を表すので, 2 が適切。

📖 **WORDS&PHRASES**
□ **curry** — カレー　□ **already** — すでに　□ **need to ～** — ～する必要がある

No.30

🔊 I always do my homework before dinner. After dinner, I like to call my friends from school. I enjoy talking with them about music and movies.

Question **What does the girl like to do after dinner?**

私はいつも夕食前に宿題をします。夕食後, 私は学校の友達に電話をするのが好きです。私は彼女らと音楽や映画について話をするのを楽しみます。

質問 **少女は夕食後に何をするのが好きですか。**

1 友達と話をすることです。
2 映画を見ることです。
3 音楽雑誌を読むことです。
4 宿題をすることです。

📘 2文目で I like to call my friends from school.(私は学校の友達に電話をするのが好きです。)と言ったあとに, I enjoy talking with them(= my friends)about music and movies.(私は彼女らと音楽や映画について話をするのを楽しみます。)と言っているので, 1 が適切。

📖 **WORDS&PHRASES**
□ **always** — いつも　□ **call** — ～に電話をする　□ **enjoy ～ing** — ～するのを楽しむ

英検 3 級

一次試験・筆記 [p.046 — p.054]

1　(1) 1　(2) 2　(3) 4　(4) 1　(5) 1　(6) 3　(7) 3　(8) 2
　(9) 4　(10) 2　(11) 1　(12) 3　(13) 1　(14) 2　(15) 3

2　(16) 1　(17) 1　(18) 3　(19) 4　(20) 2

3A　(21) 3　(22) 1
3B　(23) 1　(24) 4　(25) 1
3C　(26) 2　(27) 3　(28) 3　(29) 1　(30) 2

4　（解答例1）
I like Sundays the best because I can play soccer at the park with my friends. Also, my parents aren't busy on Sundays, so I can do many things with them.
（解答例2）
I like Saturdays the best. I have two reasons. First, because school is off on Saturdays, I can do many things which I like. Second, I can communicate with my family until late at night.

一次試験・リスニング [p.055 — p.060]

第1部　[No.1] 1　[No.2] 3　[No.3] 1　[No.4] 3　[No.5] 2
　[No.6] 2　[No.7] 1　[No.8] 3　[No.9] 1　[No.10] 2

第2部　[No.11] 1　[No.12] 3　[No.13] 3　[No.14] 2　[No.15] 4
　[No.16] 1　[No.17] 4　[No.18] 1　[No.19] 2　[No.20] 1

第3部　[No.21] 2　[No.22] 3　[No.23] 4　[No.24] 4　[No.25] 1
　[No.26] 1　[No.27] 4　[No.28] 4　[No.29] 1　[No.30] 2

1

(1) A： あなたは釣りに行くのが好きですか。
B： いいえ，釣りはつまらないと思います。
1 つまらない　　2 わくわくさせる　　3 楽しい　　4 うれしい

🔽 釣りに行くのが好きかと聞かれて，No と答えていることから，「つまらない」という意味の1が適切。

📖 WORDS&PHRASES

□ like to 〜 —— 〜することが好きだ　　□ go fishing — 釣りに行く　　□ boring — つまらない

(2) アンディは大きな建物の6階に住んでいます。彼の友人のデイビッドはその下の5階のアパートに住んでいます。
1 後ろに　　2 下に　　3 以前に　　4 のちに

🔽 アンディが大きな建物の6階に住んでいるのに対し，友人のデイビッドがどういう所に住んでいるのかを考えると，on the fifth floor（5階の）の前に入るものとして，2が適切。

📖 WORDS&PHRASES

□ sixth — 6番目の　　□ floor — 階　　□ fifth — 5番目の　　□ below — 下に[の]

(3) A： この箱の中には何本のペンがありますか。
B： わかりません。それらを数えて調べましょう。
1 〜を招く　　2 〜を壊す　　3 〜をまわす　　4 〜を数える

🔽 How many pens are 〜?（〜には何本のペンがありますか。）と聞かれていることから，「〜を数える」という意味の4が適切。

📖 WORDS&PHRASES

□ find out —— 〜を見つけ出す，調べる　　□ invite — 〜を招く　　□ count — 〜を数える

(4) A： あなたは美しい家を持っていますね，クララ。
B： ありがとうございます。私の父がそれを設計しました。
1 design（〜を設計する）の過去形　　2 bring（〜を持ってくる）の過去形
3 share（〜を共有する）の過去形　　4 write（〜を書く）の過去形

🔽 空所のあとの it が a beautiful home（美しい家）を指していることから，私の父がしたこととしては，1が適切。

📖 WORDS&PHRASES

□ design —— 〜を設計する　　□ brought — bring（〜を持ってくる）の過去形

(5) フットボールの試合が7時に始まるので，6時15分に駅の外で会いましょう。
　　1 会う　　2 ～を作る　　3 来る　　4 ～を見せる

　　📝 The football game begins at 7:00（フットボールの試合が7時に始まる）から，
　　at 6:15（6時15分に）することとしては，**1** が適切。

　　📖 WORDS&PHRASES
　　□ **football**―フットボール　　□ **outside**―～の外で　　□ **meet**―会う，落ち合う

(6) あなたが多くの人の前で話すときは，大きな声で話さなくてはなりません。
　　1 背の高い　　2 長い　　3 （音や声が）大きい　　4 広い

　　📝 When you speak in front of many people（多くの人の前で話すとき）のことを
　　言っているので，voice（声）の前に入る語としては，**3** が適切。

　　📖 WORDS&PHRASES
　　□ **in front of ～**―～の前で　　□ **voice**―声　　□ **loud**―（音や声が）大きい

(7) もしあなたが美術コンテストで優勝したら，賞を受けるでしょう。
　　1 ～を招く　　2 ～を推測する　　3 ～を受ける　　4 ～を出す

　　📝 If you win the art contest（もし美術コンテストで優勝したら）という前提から，
　　a prize（賞）をどうするのかを考えると，**3** が適切。

　　📖 WORDS&PHRASES
　　□ **win**―～に勝つ　　□ **prize**―賞　　□ **guess**―～を推測する　　□ **receive**―～を受ける

(8) A：野球の試合のチケットを2枚入手しました。私と一緒に行きませんか。
　　B：いいですね。とても行きたいです。
　　1 どのように　　　　　　　2 なぜ，どうして
　　3 何が，何を　　　　　　　4 いつ

　　📝 Aが野球の試合のチケットを2枚持っていて，Bが I really want to go.（とて
　　も行きたいです。）と答えている状況。Why don't you ～? で「～しませんか。」
　　という勧誘の意味を表すので，**2** が適切。

　　📖 WORDS&PHRASES
　　□ **got**―**get**（～を入手する）の過去形　　□ **sound**―～に聞こえる

(9) 私はたいてい7時に起きて，9時と10時の間に寝ます。
　　1 ～の前に　　2 ～（の上）に　　3 まだ，それでも　　4 ～の間に

✓ 起きる時刻と寝る時刻の話をしている。between A and B で「AとBの間に」という意味を表すので，**4** が適切。

(10) **ナンシーはお金を節約したいので，今週は外食に行かないつもりです。**
1 近くに　　**2 外へ**　　3 そばに　　4 下に

✓ go out で「外出する」という意味を表すので，**2** が適切。「お金を節約したいから，外食に行かない」という意味の文になり，意味が通る。

(11) **両親が先週末キャンプに連れていってくれたとき，私たちはとても楽しかったです。**
1 have（～を過ごす）の過去形　　2 do（～をする）の過去形
3 play（～をする）の過去形　　4 get（～を得る）の過去形

✓ have a lot of fun で「とても楽しく過ごす」という意味を表すので，**1** が適切。キャンプに連れていってもらったということからも，意味が通る。

(12) **私の学校では，校舎に入るときはくつを脱がなくてはいけません。**
1 （have off ～で）～を取り外す　　2 （make off で）急いで去る
3 （take off ～で）～を脱ぐ　　4 （bring off ～で）～を成しとげる

✓ when they go into the school building（校舎に入るとき）にしなくてはならないことを言っているので，take off ～ で「～を脱ぐ」という意味を表す **3** が適切。

(13) **私の兄[弟]は音楽家です。彼はギターの弾き方を私に教えてくれるでしょう。**
1 どのように　　2 だれが　　3 あれが，あれを　　4 何が，何を

✓ 音楽家の兄[弟]が教えてくれるということから，how to play the guitar で「ギターの弾き方」という意味になる **1** が適切。

(14) もしフランクが今日の練習でひざにけがをしたら，週末のサッカーのトーナメントでプレーすることはできないでしょう。

1　〜にけがをする　　　　2　injureの3人称単数現在形

3　injureのing形　　　　4　〜にけがをすること，〜にけがをするための[に]

- -

✎ If 〜（もし〜したら）の文で，ここでの主語は Frank なので，動詞は3人称単数現在形の2が適切。

📖 WORDS&PHRASES

□ knee—ひざ　　□ be able to 〜—〜することができる　　□ injure—〜にけがをする

(15) A：あそこでバナナを食べているサルを見て。

B：ああ，本当にかわいいね。

1　〜を食べること，〜を食べるための[に]

2　eat（〜を食べる）の過去形

3　eatのing形

4　eatの3人称単数現在形

- -

✎ 現在分詞 eating を入れると「あそこでバナナを食べているサル」という意味で，the monkey（サル）を後ろから説明する形となるので，3が適切。

📖 WORDS&PHRASES

□ over there—あそこで　　□ cute—かわいらしい　　□ ate—eat（〜を食べる）の過去形

(16)　娘：今日，最終テストでうまくいくといいんだけど。
　　　母親：心配しないで。あなたは一生懸命勉強したんだから，うまくいくわよ。
　　　　　　1　心配しないで。
　　　　　　2　私は辞書を持っていないわ。
　　　　　　3　あちらはあなたの先生よ。
　　　　　　4　週末全部よ。

✓　今日のテストのことを話す娘に，母親が空所のあとで You studied hard, so you'll do well.（あなたは一生懸命勉強したんだから，うまくいくわよ。）と言っていることから，「心配しないで。」という意味の1が適切。

📖 **WORDS&PHRASES**

□ **I hope (that) 〜 .**──〜だといいと思う。　　□ **do well**──うまくいく

----

(17)　女性：昨夜私はママ・デルズというレストランへ行きました。聞いたことがありますか。
　　　男性：はい。私の友人がとてもおいしいと言っていました。
　　　　　　1　聞いたことがありますか。
　　　　　　2　終わりましたか。
　　　　　　3　入ってもいいですか。
　　　　　　4　何を買ったのですか。

✓　レストランへ行ったという女性に，男性が Yes. と答え，そのあとで My friend said it's delicious.（私の友人がとてもおいしいと言っていました。）と続けていることから，Have you heard of it?（聞いたことはありますか。）とたずねている1が適切。

📖 **WORDS&PHRASES**

□ **delicious**──とてもおいしい　　□ **heard**──hear(聞く)の過去分詞

----

(18)　父親：今日の気分はどうだい，ポール？
　　　息子：あまりよくないよ。まだ熱があるんだ。
　　　　　　1　朝食を食べたあとで。
　　　　　　2　そのときではないよ。
　　　　　　3　あまりよくないよ。
　　　　　　4　時間があったらね。

✓　How are you feeling today?（今日の気分はどうだい？）と聞かれた息子が，空所のあとで I still have a fever.（まだ熱があるんだ。）と答えていることから，「あ

まりよくないよ。」という意味の**3**が適切。

📖 WORDS&PHRASES

□ **still**—まだ　　□ **fever**—熱　　□ **moment**—時, 瞬間

⒆　娘: 公園へ連れていってくれない，お母さん？
　　母親: 外で遊ぶには寒すぎるわ。代わりに映画を見ましょう。
　　　　　1　私はあの俳優を知らないわ。
　　　　　2　夕食前に帰ってきなさい。
　　　　　3　私は以前にそれを見たことがあるわ。
　　　　　4　外で遊ぶには寒すぎるわ。

- -

◢　Can you take me to the park? (公園へ連れていってくれない？) と言う娘に，
　　空所のあとで母親が Let's watch a movie instead. (代わりに映画を見ましょ
　　う。) と言っていることから，「外で遊ぶには寒すぎるわ。」と，公園へ行かない
　　理由を答えている**4**が適切。

📖 WORDS&PHRASES

□ **instead**—代わりに　　□ **seen**—**see**(〜を見る)の過去分詞
□ **too 〜 to …**—…するには〜すぎる

⒇　男性: もうすぐあなたはオーストラリアへ行くのではないですか。
　　女性: ええ。月曜日の午前に出発するので，今週末に用意をしなければなりません。
　　　　　1　すばらしい旅でした
　　　　　2　月曜日の午前に出発する
　　　　　3　私はシドニーで生まれた
　　　　　4　私はあなたにプレゼントを返します

- -

◢　「もうすぐオーストラリアに行くのでは？」と聞かれて Yeah. と答えた女性
　　が，空所のあとで so I have to get ready this weekend (だから今週末に用
　　意をしなければなりません) と言っていることから，I'm leaving on Monday
　　morning, (月曜日の午前に出発する) とその理由を述べている**2**が適切。

📖 WORDS&PHRASES

□ **wonderful**—すばらしい　　□ **be born**—生まれる　　□ **bring A back B**—A に B を戻す

本文の意味

日本の映画祭

サンタウンシアターに来て，すばらしい日本の映画を楽しんでください！　喜劇，戯曲，ホラー映画，さらにたくさんあります。

> **時：**　7月10日～7月20日
> **場所：**ウィルソン通り21，サンタウンシアター
> **チケット料金：**大人15ドル　学生と子ども10ドル
> ㉑どのチケットにも無料の日本茶が1本付きます。

㉒7月10日に，『カラオケキング』という喜劇で映画祭は始まります。有名な俳優のサトウアキラさんが劇場に来て開演前にその映画について話します。このイベントに参加したい方は，すぐにチケットを買ってください！

より詳しい情報は私たちのホームページ（www.suntowntheater.com）を確認ください。

(21)　チケットを買うと何をもらいますか。
1　日本のおやつです。　　2　カラオケキングのDVDです。
3　1本のお茶です。　　4　映画のポスターです。

✓　下線部㉑に You'll be given a free bottle of Japanese green tea with each ticket.（どのチケットにも無料の日本茶が1本付きます。）とあるので，3が適切。

(22)　7月10日に何が起こりますか。
1　サトウアキラさんが『カラオケキング』について話をします。
2　映画祭が終わります。
3　サンタウンシアターでカラオケコンテストがあります。
4　サンタウンシアターが閉店します。

✓　下線部㉒に7月10日のことが書かれており，The famous actor, Akira Sato, will come to the theater and talk about the movie(=Karaoke King) before it starts.（有名な俳優のサトウアキラさんが劇場に来て開演前にその映画について話します。）とあるので，1が適切。

□ **amazing** — すばらしい　□ **comedy** — 喜劇　□ **drama** — 戯曲　□ **horror** — ホラー
□ **a lot more** — もっとたくさん　□ **price** — 料金，値段　□ **adult** — 大人
□ **given** — give(〜を与える)の過去分詞　□ **free** — 無料の　□ **each** — 各〜
□ **attend** — 〜に参加する　□ **happen** — 起こる

3B

（問題　p.050 〜 051）

本文の意味

送信者：マイク・コステロ
宛先：ローズ・コステロ
日付：6月25日
件名：新しいアイデア

こんにちは　おばあちゃん，
お元気ですか。学校が先週終わったので，ぼくは今夏休みに入っています。毎日テレビゲームをしたりプールへ泳ぎに行ったりしています。㉓ぼくはお父さんに新しいゲームを買うためのお金をくれるように頼んだけど，だめだと言われました。お父さんは，ぼくがアルバイトを見つけるべきだと言いました。ぼくは今 17 歳なので，お父さんが正しいと思います。いずれにしても，ぼくにはアイデアがあります。ぼくは自分の仕事を始めることに決めました。人々の車を洗うんです。家々を訪ねて 10 ドルで各車を洗います。ぼくはすでにお母さんやお父さんの友達の何人かに聞いていて，興味があると言ってくれています。あなたはどうですか，おばあちゃん？　いつかぼくにおばあちゃんの車を洗ってほしいですか。
愛をこめて，
マイク

送信者：ローズ・コステロ
宛先：マイク・コステロ
日付：6月25日
件名：今度の土曜日

こんにちは　マイク，
Eメールをありがとう。あなたが夏休みを楽しんでいると聞いてうれしいわ。㉔あなたのお母さんから昨日電話があったのよ。あなたがこの前の数学のテストでうまくいかなかったから，彼女は心配していると言っていたわ。次回はきっとうまくいくわよね。仕事のことはすばらしいアイデアね。㉕私の車を洗いに来てもらえるかしら？

おじいちゃんがたいていそれをしているのだけど，年を取ってきてるものでね。最近はそれをするのが彼にはとてもきついの。あなたはひと月に一度洗いに来ていいわよ。㉕今度の土曜日の正午に来てもらえるかしら？　もちろん，代金を払うけど，昼食に何か食べ物を作ってもあげたいわ。ツナとチーズのサンドイッチはいかが？　金曜日の夜までに私に電話して知らせてちょうだい。

愛をこめて，

おばあちゃん

㉓　最初マイクの問題は何でしたか。

　1　彼のお父さんが彼にお金を与えませんでした。

　2　彼は忙しすぎて新しい仕事を見つけられませんでした。

　3　彼はプールでの彼の仕事が好きではありませんでした。

　4　彼は上手に泳げませんでした。

　📝　下線部㉓に注目。I asked Dad for some money to buy some new games, but he said no.（ぼくはお父さんに新しいゲームを買うためのお金をくれるように頼んだけど，だめだと言われました。）とあるので，1が適切。

㉔　マイクのお母さんはマイクについて何と言いましたか。

　1　彼は有名な自動車会社で働きたくありません。

　2　彼の学校で一番好きな科目は数学です。

　3　彼は今年の夏に自動車教習所に行きたがっています。

　4　彼は数学のテストでよい点を取りませんでした。

　📝　マイクのお母さんが，おばあさんに電話でマイクについて言っている下線部㉔に注目。She said she's worried because you didn't do well on your last math test.（あなたがこの前の数学のテストでうまくいかなかったから，彼女は心配していると言っていたわ。）とあるので，4が適切。

㉕　今度の土曜日，マイクのおばあさんはマイクに…ほしいのです。

　1　彼女の車を洗って

　2　サンドイッチを作って

　3　彼のおじいさんに電話をかけて

　4　彼女をお店まで車で送って

　📝　下線部㉕に注目。最初にCould you come and wash my car for me?（私の車を洗いに来てもらえるかしら？）と言った上で，Could you come this Saturday at noon?（今度の土曜日の正午に来てもらえるかしら？）と言っているので，1が適切。

3C

（問題　p.052 ～ 053）

本文の意味

モーリス・リシャール

㉖カナダでは，より多くの子どもたちがほかのどのスポーツよりもサッカーをしますが，アイスホッケーも人気があります。多くの子どもたちがプロのアイスホッケー選手になることを夢見ています。彼らにとって，アイスホッケー選手は特別です。㉚ある有名なカナダ人のアイスホッケー選手が，モーリス・リシャールです。

モーリスは 1921 年にカナダのモントリオールで生まれました。彼は子どものころ，アイススケート，野球やボクシングを楽しみましたが，アイスホッケーが一番大好きでした。14 歳のときに，彼は友達と学校でアイスホッケーをやり始めました。㉗彼は学校を卒業すると 16 歳のときに父親のところで仕事を得ました。それから，18 歳のとき，彼はアマチュアのアイスホッケーチームに参加しました。

モーリスは 21 歳のとき，モントリオール・カナディアンズと呼ばれるプロのアイスホッケーチームでプレーし始めました。モーリスはすぐにチームの重要な選手になって，1 シーズンに 50 ゴールを決めた最初の選手でした。㉘彼は強くて，とても速くスケートをすべったので，人々は彼を「ザ・ロケット」と呼び始めました。彼がプレーしたときは，彼のチームが多くの試合に勝ちました。彼はモントリオール・カナディアンズが北米プロアイスホッケー優勝決定戦に 8 度勝つ助けになりました。モーリスは 1960 年にアイスホッケーをするのをやめました。彼は 18 年間プロのアイスホッケー選手でありました。

モーリスが 2000 年に亡くなったとき，多くのカナダ人が悲しみました。彼が歴史上最もすばらしいアイスホッケー選手の 1 人であったので，人々は彼が大好きでした。㉙モーリス・「ロケット」・リシャール杯という賞があるので，彼は今なお覚えられています。毎年，1 シーズンに最も多くゴールを決めた選手にそれは与えられます。

(26) カナダではどのスポーツが最も多くの子どもたちにプレーされていますか。
1 ボクシング。　　　　　　　　2 サッカー。
3 野球。　　　　　　　　　　　4 アイスホッケー。

☑ 下線部㉖に In Canada, more children play soccer than any other sport（カ
　　ナダでは，より多くの子どもたちがほかのどのスポーツよりもサッカーをしま
　　す）とあるので，2 が適切。

(27) モーリス・リシャールは16歳のときに何をしましたか。
1 彼はアイスホッケーをプレーし始めました。
2 彼は友達とボクシング部に入りました。
3 彼は父親のところで働き始めました。
4 彼はアマチュアのアイスホッケーチームに入りました。

☑ 下線部㉗に He left school and got a job with his father when he was 16.（彼
　　は学校を卒業すると16歳のときに父親のところで仕事を得ました。）とあるの
　　で，3 が適切。

(28) なぜモーリスは「ザ・ロケット」と呼ばれたのですか。
1 彼はボクシングがとても得意でした。
2 彼のチームメイトたちが彼のことを大好きでした。
3 彼は強くて速いスケーターでした。
4 彼はモントリオール・カナディアンズのためにプレーしました。

☑ 下線部㉘に He was strong and skated very fast, so people started calling
　　him "The Rocket."（彼は強くて，とても速くスケートをすべったので，人々
　　は彼を「ザ・ロケット」と呼び始めました。）とあるので，3 が適切。

(29) モーリスは…があるので今なお覚えられています。
1 彼の名前がついた特別な賞
2 彼の名前がついたプロのアイスホッケーチーム
3 彼の名前がついたカナダの都市
4 彼の名前がついたスケート学校

☑ 下線部㉙に He is still remembered because there is an award called the
　　Maurice "Rocket" Richard Trophy.（モーリス・「ロケット」・リシャール杯と
　　いう賞があるので，彼は今なお覚えられています。）とあるので，1 が適切。

(30) この話は何に関するものですか。
1 プロのアイスホッケー選手になる方法。

2 有名なカナダ人のアイスホッケー選手。

3 カナダのアマチュアのアイスホッケーチーム。

4 若いアイスホッケー選手のための新しい賞。

- -

✒️ 下線部㉚に One famous Canadian ice hockey player is Maurice Richard.（ある有名なカナダ人のアイスホッケー選手が，モーリス・リシャールです。）とあり，本文全体を通してモーリス・リシャールについて述べているので，**2** が適切。

📖 **WORDS&PHRASES**

□ **more** ― **many**（多い）の比較級　　□ **than any other** 〜 ― ほかのどの〜よりも
□ **ice hockey** ― アイスホッケー　　□ **popular** ― 人気がある
□ **dream of** 〜**ing** ― 〜するのを夢見る　　□ **professional** ― プロの　　□ **player** ― 選手
□ **famous** ― 有名な　　□ **be born** ― 生まれる　　□ **grow up** ― 成長する，大人になる
□ **the most** ― 最も，一番　　□ **start** 〜**ing** ― 〜し始める
□ **left** ― **leave**（〜を卒業する）の過去形　　□ **join** ― 〜に加わる　　□ **soon** ― すぐに
□ **important** ― 重要な　　□ **season** ― シーズン　　□ **strong** ― 強い　　□ **fast** ― 速く
□ **call A B** ― A を B と呼ぶ　　□ **won** ― **win**（〜に勝つ）の過去形
□ **help** 〜 **to** … ― 〜が…するのに役立つ　　□ 〜 **times** ― 〜回
□ **stop** 〜**ing** ― 〜するのをやめる　　□ **die** ― 死ぬ　　□ **sad** ― 悲しい　　□ **still** ― 今なお
□ **remember** ― 〜を覚えている　　□ **award** ― 賞
□ **given** ― **give**（〜を与える）の過去分詞　　□ **be good at** 〜 ― 〜が得意だ
□ **teammate** ― チームメイト　　□ **way** ― 方法

ライティング

4　　　　　　　　　　　　　　　　　（問題　p.054）

質問の意味

あなたは何曜日が一番好きですか。

解答例1

I like Sundays the best because I can play soccer at the park with my friends. Also, my parents aren't busy on Sundays, so I can do many things with them.

(31語)

解答例1の意味

私は友達と公園でサッカーをすることができるので，日曜日が一番好きです。また，私の両親は日曜日は忙しくないので，私は彼らと一緒に多くのことをすることができます。

✎ What ～ do you like the best? という質問に対しては，1文目でI like ～ the best の形で問題文に対する自分の答えを示し，because ～を使って1つ目の理由を述べるとよい。2文目では，Also を使って，もう1つの理由を付け加えている。

解答例2

I like Saturdays the best. I have two reasons. First, because school is off on Saturdays, I can do many things which I like. Second, I can communicate with my family until late at night.

(35語)

解答例2の意味

私は土曜日が一番好きです。理由は2つあります。1つ目は，土曜日は学校が休みなので，私は好きなことをたくさんすることができます。2つ目は，夜遅くまで家族とコミュニケーションをはかることができます。

✎ まず1文目で，I like ～ the best. という形で具体的に一番好きなものを示したあと，2文目でI have two reasons. と2つの理由を述べることを示す。First, ～. で1つ目の理由を，Second, ～. で2つ目の理由を付け加えるとよい。until late at night は「夜遅くまで」の意味を表す。

リスニングテスト第1部

（問題　p.055 ～ 056）

〈例題〉

A:I'm hungry, Annie.　　　　　　「おなかがすいたよ，アニー。」
B:Me, too. Let's make something.　「私も。何か作りましょう。」
A:How about pancakes?　　　　　「パンケーキはどう？」
  1　On the weekend.　　　　1　「週末に。」
  2　For my friends.　　　　2　「私の友達のためよ。」
  3　**That's a good idea.**　　**3**　**「それはいい考えね。」**

No.1

A:Oh, no! It's my turn next.　　「ああ，もう！　次はぼくの番だ。」
B:Are you all right?　　　　　　「大丈夫？」
A:I'm really nervous.　　　　　「とても緊張しているよ。」
  1　**You'll do fine.**　　　**1**　**「うまくいくわ。」**
  2　It's my favorite.　　　2　「それは私のお気に入りよ。」
  3　They're for school.　　3　「それらは学校のためよ。」

No.2

A:Excuse me.　　　　　　　　「すみません。」
B:Yes, sir. How can I help you?　「はい，お客様。お手伝いいたしましょうか。」

A:Could I see the menu?　　　「メニューを見てもよろしいですか。」
  1　Good evening, sir.　　1　「こんばんは，お客様。」
  2　That's very cheap.　　2　「そちらはとてもお安いです。」
  3　**I'll bring it right away.**　**3**　**「すぐにお持ちいたします。」**

- - - - - - - - - - - - - - - - - - - -

☑️　飲食店でメニューを見たいというお客さんへの店員の返答としては，**3**が適切。

No.3

A:I'm glad that school's over.　「学校が終わってうれしいよ。」
B:Me, too.　　　　　　　　　「私も。」
A:What are your plans for the summer vacation?　「きみの夏休みの予定は何？」
  1　**I'm going to Los Angeles.**　**1**　**「ロサンゼルスに行くわ。」**
  2　It'll be hot.　　　　　2　「暑くなるわ。」
  3　I went to the ocean.　　3　「海に行ったわ。」

A: I think it's going to rain. 「雨が降ると思うよ。」
B: I'd better go home, then. 「それじゃあ，帰宅した方がいいわね。」
A: Would you like to use my umbrella? 「ぼくのかさを使うかい？」

- **1** It's time for dinner. 1 「夕食の時間よ。」
- **2** Our house is green. 2 「私たちの家は緑色よ。」
- **3** I'll be OK. 3 「大丈夫よ。」

A: I had a lot of fun tonight. 「今夜はとても楽しかったよ。」
B: Me, too. 「私もよ。」
A: Thanks for inviting me to dinner. 「夕食に招いてくれてありがとう。」

- **1** I drove here. 1 「私はここへ車を運転して来たわ。」
- **2** It was my pleasure. 2 「どういたしまして。」
- **3** Sorry, I missed it. 3 「ごめんなさい，私はそれを逃したわ。」

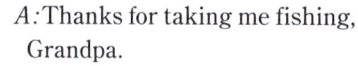 Thanks for ～ing. というお礼に対する返答として，**2**が適切。

A: Thanks for taking me fishing, Grandpa. 「釣りに連れていってくれてありがとう，おじいちゃん。」
B: No problem. 「何でもないよ。」
A: I really enjoyed it. 「本当に楽しかったわ。」

- **1** I brought one with me. 1 「1つ持ってきたよ。」
- **2** Let's go again sometime. 2 「またいつか行こう。」
- **3** I'll ask your parents. 3 「きみの両親に聞いておくよ。」

A: What are you going to do today? 「今日あなたは何をするの？」
B: I'm going shopping. 「買い物に行くよ。」
A: With your friends? 「お友達と？」

- **1** No, I'm going by myself. 1 「いや，1人でだよ。」
- **2** No, I'll buy a dictionary. 2 「いや，辞書を買うんだ。」
- **3** No, I had lunch already. 3 「いや，もう昼食は食べたよ。」

No.8

A: Are you still drawing a picture? 「まだ絵をかいているの？」
B: Yes, Dad. 「ええ，お父さん。」
A: When can I see it? 「いつそれを見られるのかな？」
   1 I asked my art teacher.   1 「私の美術の先生に聞いたわ。」
   2 I have enough paper.   2 「私は紙は十分に持っているわ。」
   3 After I finish.   **3 「終わったあとよ。」**

When ～? と絵を見られる時を聞いているので，「終わったあとよ。」と答えている**3**が適切。

No.9

A: Yuko, is coffee popular in Japan? 「ユウコ，日本ではコーヒーは人気あるの？」
B: Yes, it is. 「ええ，人気あるわよ。」
A: Do you often drink it? 「きみはよくそれを飲む？」
   1 No, but my parents do.   **1 「いいえ，でも両親がよく飲むわ。」**
   2 No, I left it at the café.   2 「いいえ，それをカフェに置いてきたわ。」
   3 No, because it's too far.   3 「いいえ，それは遠すぎるからよ。」

No.10

A: Did you watch the baseball game on TV last night? 「昨夜野球の試合をテレビで見たかい？」
B: No. 「いいえ。」
A: Why not? 「どうして？」
   1 I have one in my room.   1 「私の部屋に１つあるわ。」
   2 I watched a movie instead.   **2 「代わりに映画を見たわ。」**
   3 You can't join the club.   3 「あなたはクラブに入れないわ。」

Why not? と野球を見なかった理由を聞いているので，「代わりに映画を見た」と答えている**2**が適切。

リスニングテスト第2部 (問題 p.057 〜 058)

No.11

A: Why did you buy so much food, Mom?

B: Tomorrow is your grandmother's birthday party, Jim.

A: I thought we were going to a restaurant.

B: No, Grandma wants to have the party at our house.

Question **Where will the party be?**

A: どうしてそんなにいっぱい食べ物を買ったの，お母さん？

B: 明日はおばあちゃんの誕生日パーティーよ，ジム。

A: レストランに行くんだと思ったよ。

B: いいえ，おばあちゃんは私たちの家でパーティーをしたいのよ。

質問 **パーティーはどこでありますか。**

1 ジムの家族の家でです。　　　2 ジムの友人の家でです。

3 スーパーマーケットでです。　4 レストランです。

☑ パーティーの場所をたずねている。B（母親）が Grandma wants to have the party at our house（おばあちゃんは私たちの家でパーティーをしたいのよ）と言っていることから，1 が適切。4 の「レストラン」は，ジムが行くと思っていた場所。

📖 WORDS&PHRASES

□ **thought** ― think（思う）の過去形　　□ **supermarket** ― スーパーマーケット

No.12

A: Excuse me. Do you have any chocolate cakes?

B: I'm sorry. They're sold out. But we have some cheesecakes.

A: No, thanks. I'll come back tomorrow.

B: Sure, I'll keep a chocolate cake for you then.

Question **What will the woman do tomorrow?**

A: すみません。チョコレートケーキはありますか。

B: ごめんなさい。売り切れております。でもチーズケーキがございます。

A: いいえ，結構です。明日また来ます。

B: わかりました，ではチョコレートケーキを取り置きいたします。

質問 **女性は明日何をしますか。**

1 チーズケーキを買います。　　2 自分でケーキを作ります。

3 店にまた行きます。　　　　　4 違う店で買い物をします。

女性が明日することをたずねている。A（女性）が I'll come back tomorrow.（明日また来ます。）と言っていることから，**3**が適切。

📖 WORDS&PHRASES

□ **be sold out**―売り切れる　　□ **oneself**―自分で　　□ **shop**―買い物をする

No.13

🔊

A: Jim, what does your dad do?

B: He's a doctor. How about yours, Becky?

A: He teaches at Weston High School.

B: My brother goes to that school.

Question **Who is a doctor?**

A: ジム，あなたのお父さんは何をしているの？

B: 医師だよ。きみのお父さんは，ベッキー？

A: ウェストン高校で教えているわ。

B: ぼくの兄［弟］がその学校へ通っているよ。

質問 **だれが医師ですか。**

1　ベッキーの父親です。　　　　　2　ベッキーの兄［弟］です。

3　ジムの父親です。　　　　　　4　ジムの兄［弟］です。

 だれが医師かをたずねている。A（ベッキー）にお父さんが何をしているかを聞かれた B（ジム）が He's a doctor.（彼は医師だよ。）と答えているので，**3**が適切。**1**の「ベッキーの父親」は高校の先生，**4**の「ジムの兄［弟］」は高校生。

📖 WORDS&PHRASES

□ **How about ～?**―～についてはどうですか。

No.14

🔊

A: Dad, there's a new bakery next to the station.

B: Really?

A: Yes. Can we go there?

B: Sure, let's go now and get some sandwiches for lunch.

Question **What will they do now?**

A: お父さん，駅の隣に新しいパン屋があるわよ。

B: 本当に？

A: うん。そこへ行かない？

B: いいよ，今行って昼食にサンドイッチを買おう。

1　電車に乗る。　　　　　　　　2　新しいパン屋に行く。

3　昼食を作る。　　　　　　　　4　友人の家を訪ねる。

✅　2人が今することをたずねている。新しいパン屋の話をしていて，Can we go there?（そこへ行かない？）というA（娘）にB（父親）がlet's go now（今行こう）と応じているので，**2**が適切。

📖 WORDS&PHRASES

□ **bakery**―パン屋　　　□ **next to ～**―～の隣に

No.15

A: What did you do on Saturday, Ken?

B: I practiced with my band, Grandma.

A: How about Sunday?

B: I studied with a friend.

Question **What are they talking about?**

A: 土曜日に何をしたの，ケン？

B: ぼくのバンドと一緒に練習したよ，おばあちゃん。

A: 日曜日は？

B: 友人と一緒に勉強したよ。

質問 彼らは何について話していますか。

1　ケンの新しい友人です。　　　　2　ケンの大好きなバンドです。

3　ケンの部屋です。　　　　　　　4　ケンの週末です。

✅　2人が何を話しているかをたずねている。A（祖母）が What did you do on Saturday?（土曜日に何をしたの？），How about Sunday?（日曜日は？）とB（ケン）に聞いていることから，**4**が適切。

📖 WORDS&PHRASES

□ **How about ～?**―～はどうですか。

No.16

A: Sorry I couldn't go to your soccer game last Friday.

B: That's OK.

A: Did your team win?

B: Yes, but I didn't get any goals.

Question **What happened last Friday?**

A: この前の金曜日，きみのサッカーの試合に行けなくてごめんよ。

B: いいのよ。

A: きみのチームは勝ったの？

B: ええ，でも私はゴールを1つも決めなかったわ。

質問 この前の金曜日に何が起こりましたか。

1 少女のチームがその試合に勝ちました。

2 少女がゴールを決めました。

3 少年がサッカーの試合に行きました。

4 コーチが遅刻しました。

■ この前の金曜日に起こったことをたずねている。Did your team win?（きみのチームは勝ったの？）とA（少年）に聞かれたB（少女）がYesと答えていることから，1が適切。2も3も，それぞれ「ゴールを決めなかった」「サッカーの試合に行けなかった」と言っている。

📖 WORDS&PHRASES

□ **happen**─起こる　　□ **won**─win（〜に勝つ）の過去形　　□ **late**─遅刻した

No.17

🔊

A: I finished my homework, Ms. Westwood.

B: Already? I just gave it to you this morning.

A: I did it at lunchtime because I'll be busy tonight.

B: That's great.

Question **When did the boy do his homework?**

A: 宿題が終わりました，ウェストウッド先生。

B: もうですか。今日の午前中に与えたばかりですよ。

A: ぼくは今夜忙しいので，お昼休みにやりました。

B: それはすごいですね。

質問 少年はいつ宿題をしましたか。

1 昨日の午前中です。　　　　　　2 昨夜です。

3 今日の午前中です。　　　　　　4 お昼休みにです。

■ 少年が宿題をした時をたずねている。A（少年）がI did it（＝my homework）at lunchtime（ぼくはお昼休みにそれをやりました）と言っていることから，4が適切。3の「今日の午前中」はB（先生）が宿題を与えた時。

📖 WORDS&PHRASES

□ **already**─もう　　□ **gave**─give（〜を与える）の過去形

No.18

A: You look sad, Billy.

B: Yeah. I wanted to look at the stars tonight, but it's too cloudy.

A: Well, the newspaper says it'll be nice tomorrow.

B: I hope so.

Question **Why is Billy sad?**

A: 悲しそうね，ビリー。

B: うん。今夜星を見たかったんだけど，あまりに曇っているんだ。

A: ええと，明日はいい天気だと新聞に書いてあるわよ。

B: そうだといいんだけど。

質問 ビリーはなぜ悲しいのですか。

1 彼は今夜星を見ることができません。

2 明日は曇りになります。

3 彼は新聞を見つけることができません。

4 彼の理科の宿題が難しいです。

ビリーが悲しそうにしている理由をたずねている。B（ビリー）が I wanted to look at the stars tonight, but it's too cloudy. （今夜星を見たかったんだけど，あまりに曇っているんだ。）と言っていることから，今夜星を見ることができないとわかるので，1が適切。

WORDS & PHRASES

□ **look** ─〜に見える　　□ **sad** ─悲しい　　□ **too** ─あまりに，〜すぎる

No.19

A: What's wrong?

B: My washing machine broke again.

A: Are you going to buy a new one?

B: I want to, but I won't have enough money until next month.

Question **What does the man want to do?**

A: どうしたのですか。

B: 洗濯機がまた壊れてしまったんです。

A: 新しいのを買うつもりですか。

B: 買いたいんですが，来月まで十分なお金がないんですよ。

質問 男性は何をしたいのですか。

1 女性のお金を返す。　　　　　　2 新しい洗濯機を買う。

3 新しい家を買う。　　　　　　　4 来月女性を訪ねる。

男性がしたいことをたずねている。洗濯機が壊れたと言うB（男性）が，A（女性）に Are you going to buy a new one?（新しいのを買うのですか。）と聞かれて I want to（買いたい）と答えていることから，**2**が適切。

📖 WORDS&PHRASES

□ **What's wrong?** — どうしたのですか？　　□ **washing machine** — 洗濯機

No.20

🔊

A: Did you go running yesterday?

B: Yes. I got up at six thirty and ran five kilometers before work.

A: Great. I'm going to run 10 kilometers tonight.

B: Good luck.

Question　**How far did the man run yesterday?**

- -

A: あなたは昨日走りに行きましたか。

B: はい。6時30分に起きて仕事の前に5キロメートル走りました。

A: すごいですね。私は今夜10キロメートル走るつもりです。

B: がんばってください。

質問　**男性は昨日どれくらいの距離を走りましたか。**

1　5キロメートルです。　　　　　　2　6キロメートルです。

3　10キロメートルです。　　　　　　4　30キロメートルです。

- -

男性が昨日走った距離をたずねている。昨日走ったかと聞かれて，B（男性）が I … and ran five kilometers before work.（…仕事の前に5キロメートル走りました。）と言っていることから，**1**が適切。**3**の「10キロメートル」は，A（女性）が今夜走る予定の距離。

📖 WORDS&PHRASES

□ **ran** — **run**（走る）の過去形　　□ **Good luck.** — がんばってね。

リスニングテスト第3部 （問題　p.059 〜 060）

No.21

Yuko is going to play tennis this weekend.　She'll meet her friends at the station early on Saturday morning.　They're going to take the train together to the tennis court.

> Question　**Where is Yuko going to meet her friends?**

ユウコは今週末テニスをする予定です。彼女は土曜日の朝早くに駅で友達と会います。彼女らはテニスコートまで一緒に電車に乗ります。

> 質問　**ユウコはどこで彼女の友達と会いますか。**

1　電車です。　　　　　　　　　　2　駅でです。
3　テニスコートのそばでです。　　4　彼女の家でです。

 She'll meet her friends at the station early on Saturday morning.（彼女は土曜日の朝早くに駅で友達と会います。）と言っていることから，2が適切。

📖 WORDS&PHRASES
□ **early**──早く　　□ **take**──〜に乗る　　□ **by**──〜のそばで

No.22

Last weekend, my family and I drove to my grandparents' house.　Our dog doesn't like cars, so he couldn't come with us.　I asked my friend George to take care of him.

> Question　**What did the girl ask George to do?**

先週末，家族と私は祖父母の家まで車で行きました。私たちの犬は車が好きではないので，私たちと一緒に来ることができませんでした。私は友人のジョージに彼の世話をしてくれるように頼みました。

> 質問　**少女はジョージに何をするように頼みましたか。**

1　旅行に行く。　　　　　　　　2　彼女にペットを買う。
3　彼女の犬の世話をする。　　　4　彼女の祖父母を訪ねる。

最後に I asked my friend George to take care of him.（私は友人のジョージに彼の世話をしてくれるように頼みました。）と話していることから，3が適切。

📖 WORDS&PHRASES
□ **ask 〜 to …**──〜に…するように頼む　　□ **take care of 〜**──〜の世話をする

No.23

Tom was busy yesterday. In the morning he helped his mother with the shopping, and after lunch, he went to his part-time job in a restaurant. When he got home in the evening, he had to study.

> Question **What did Tom do after lunch yesterday?**

トムは昨日忙しかったです。午前中に彼はお母さんの買い物を手伝って，昼食後には，レストランでのアルバイトに行きました。夕方に帰宅したとき，彼は勉強しなければなりませんでした。

> 質問 **トムは昨日昼食後に何をしましたか。**

1　彼は買い物に行きました。　　　　2　彼は家で勉強しました。
3　彼は母親を手伝いました。　　　　**4　彼はレストランで働きました。**

 after lunch, he went to his part-time job in a restaurant（昼食後には，レストランでのアルバイトに行きました）と言っていることから，**4**が適切。**1**，**3**の「買い物」「手伝い」は午前中にしたこと。**2**の「勉強」は，夕方帰宅してからやらなければならなかったこと。

📖 WORDS&PHRASES
□ **help A with B** — BのことでAを手伝う　　□ **part-time job** — アルバイト

No.24

Last weekend, I went to the bookstore to buy a birthday present for my brother. He loves airplanes, and I found a good book about airplanes. But it was too expensive, so I couldn't buy it.

> Question **What was the girl's problem?**

先週末，私は兄［弟］への誕生日プレゼントを買いに書店に行きました。彼は飛行機が大好きで，私は飛行機に関するよい本を見つけました。しかしそれは高価すぎたので，私は買うことができませんでした。

> 質問 **少女の問題は何でしたか。**

1　彼女は兄［弟］を見つけられませんでした。
2　彼女は兄［弟］の誕生日を忘れました。
3　書店が開いていませんでした。
4　本が高価すぎました。

 最後に it was too expensive, so I couldn't buy it（それは高価すぎたので，私は買うことができませんでした）と言っていることから，**4**が適切。

📖 WORDS&PHRASES
□ **too** — ～すぎる　　□ **expensive** — 高価な　　□ **forgot** — **forget**（～を忘れる）の過去形

Brian can speak English and Chinese. His mother is from China, and she taught him Chinese. This summer, he plans to visit his grandparents in China by himself.

Question **What is Brian going to do this summer?**

ブライアンは英語と中国語が話せます。彼のお母さんは中国出身で，彼女が彼に中国語を教えました。この夏，彼は中国にいる祖父母を1人で訪ねるつもりです。

質問 **ブライアンはこの夏に何をするつもりですか。**

1 祖父母を訪ねる。　　　　　　2 母親と一緒に旅行に行く。
3 学校で英語を教える。　　　　4 中国語を学び始める。

📝 最後に This summer, he plans to visit his grandparents in China by himself.（この夏，彼は中国にいる祖父母を1人で訪ねるつもりです。）と言っていることから，1が適切。

📖 WORDS&PHRASES

□ **plan to ～** ── ～するつもりだ　　□ **by oneself** ── 1人で

I'm going to my friend's wedding in March. I already have a dress, and I'll buy some new shoes from my favorite store tomorrow. I'm not going to wear a hat.

Question **What will the woman buy tomorrow?**

私は3月に友人の結婚式へ行く予定です。私はすでにドレスを持っていて，明日お気に入りの店で新しいくつを買うつもりです。私は帽子はかぶらないつもりです。

質問 **女性は明日何を買うつもりですか。**

1 くつです。　　　　　　　　　2 ドレスです。
3 結婚指輪です。　　　　　　　4 帽子です。

📝 I'll buy some new shoes from my favorite store tomorrow（私は明日お気に入りの店で新しいくつを買うつもりです）と話していることから，1が適切。2の「ドレス」はすでに持っていて，4の「帽子」はかぶらないつもりと言っている。

📖 WORDS&PHRASES

□ **wedding** ── 結婚式　　□ **already** ── すでに　　□ **wear** ── ～を身につけている

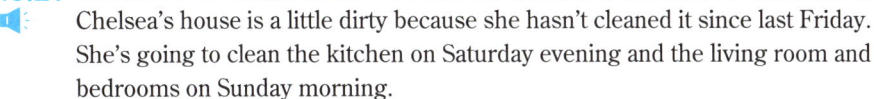

Chelsea's house is a little dirty because she hasn't cleaned it since last Friday. She's going to clean the kitchen on Saturday evening and the living room and bedrooms on Sunday morning.

Question **When will Chelsea clean the living room?**

- -

チェルシーがこの前の金曜日から掃除していないので，彼女の家は少し汚れています。彼女は土曜日の夕方に台所を，そして日曜日の午前中に居間と寝室を掃除するつもりです。

質問 **チェルシーはいつ居間を掃除するつもりですか。**

1 今日の午前中です。 2 金曜日の夕方にです。
3 土曜日の夕方にです。 4 日曜日の午前中です。

- -

✓ She's going to clean the kitchen on Saturday evening and the living room and bedrooms on Sunday morning. (彼女は土曜日の夕方に台所を，そして日曜日の午前に居間と寝室を掃除するつもりです。)と言っていることから，4が適切。3の「土曜日の夕方」には，台所を掃除すると言っている。

📖 WORDS&PHRASES
□ **a little**— 少し □ **dirty**— 汚い □ **since**— 〜以来

Hiroko is a university student in England. She studies math, science, and music. She enjoys music the most because she thinks math and science are difficult.

Question **Which subject does Hiroko like the best?**

- -

ヒロコはイギリスの大学生です。彼女は数学，理科と音楽を勉強しています。彼女は数学と理科は難しいと思うので，音楽を一番楽しんでいます。

質問 **ヒロコはどの科目が一番好きですか。**

1 英語です。 2 数学です。
3 理科です。 4 音楽です。

- -

✓ She enjoys music the most because she thinks math and science are difficult. (彼女は数学と理科は難しいと思うので，音楽を一番楽しんでいます。)と言っていることから，4が適切。

📖 WORDS&PHRASES
□ **university**— 大学 □ **difficult**— 難しい □ **like 〜 the best**— 〜が一番好きだ

My younger sister loves to write stories. Last weekend, I read one. I was surprised because it was really good. I think she's going to be a famous writer someday.

Question **Why was the boy surprised?**

ぼくの妹は小説を書くのが大好きです。先週末，ぼくはそれを読みました。それがとてもよかったのでぼくは驚きました。彼女はいつか有名な作家になるだろうと思います。

質問 **少年はなぜ驚いたのですか。**

1 彼の妹の小説がとてもよかったです。
2 彼は有名な作家に会いました。
3 彼の妹が賞をもらいました。
4 彼は図書館の本を見つけました。

◢ I was surprised because it was really good. (それがとてもよかったのでぼくは驚きました。)と話していることから，1 が適切。

📖 WORDS&PHRASES

□ **be surprised**— 驚く　　□ **someday**— いつか　　□ **met**— meet(〜に会う)の過去形

Thank you for joining today's hiking tour. After walking for about two hours, we'll take a 30-minute break to eat lunch. We'll arrive back here at about 1:15.

Question **How long will they stop for lunch?**

本日のハイキングツアーにご参加いただきましてありがとうございます。約2時間歩いたあとで，私たちは昼食を食べるために30分の休憩をとります。1時15分ごろにここへ戻ってきます。

質問 **彼らは昼食のためにどれくらい止まりますか。**

1 15分間です。　　　　　　　　　　2 30分間です。
3 1時間です。　　　　　　　　　　　4 2時間です。

◢ After walking for about two hours, we'll take a 30-minute break to eat lunch. (約2時間歩いたあとで，私たちは昼食を食べるために30分の休憩をとります。)と言っていることから，2 が適切。

📖 WORDS&PHRASES

□ **Thank you for 〜ing.**— 〜してくれてありがとう。　　□ **break**— 休憩

英検 3 級

一次試験・筆記 [p.062 − p.070]

1
(1) 3　(2) 3　(3) 4　(4) 3　(5) 4　(6) 4　(7) 1　(8) 2
(9) 2　(10) 2　(11) 1　(12) 2　(13) 1　(14) 2　(15) 2

2　(16) 3　(17) 1　(18) 3　(19) 2　(20) 4

3A　(21) 3　(22) 4
3B　(23) 4　(24) 1　(25) 2
3C　(26) 3　(27) 2　(28) 3　(29) 1　(30) 4

4
（解答例1）
I eat bread more often than rice. There are many kinds of delicious bread at my favorite bakery. I also enjoy making sandwiches with my mother for lunch.
（解答例2）
I eat rice more often than bread. It is because I like Japanese food, especially rice balls which my mother makes. Also, I sometimes enjoy making Japanese food for my family.

一次試験・リスニング [p.071 − p.076]

第1部　[No.1] 1　[No.2] 1　[No.3] 1　[No.4] 3　[No.5] 2
[No.6] 2　[No.7] 3　[No.8] 2　[No.9] 3　[No.10] 3

第2部　[No.11] 3　[No.12] 1　[No.13] 4　[No.14] 2　[No.15] 2
[No.16] 3　[No.17] 2　[No.18] 1　[No.19] 1　[No.20] 3

第3部　[No.21] 1　[No.22] 3　[No.23] 4　[No.24] 1　[No.25] 3
[No.26] 3　[No.27] 2　[No.28] 1　[No.29] 4　[No.30] 2

(1) *A*： 寒すぎて泳ぎに行けないよ。
　　 B： わかっているよ。代わりに家にいてテレビを見よう。
　　 1 〜も（…ない）　　2 ほとんど　　3 代わりに　　4 以前に

　　　 ✓ too cold to go swimming（寒すぎて泳ぎに行けない）ということから，Let's stay home and watch TV（家にいてテレビを見よう）と提案しているので，「代わりに」という意味の**3**が適切。

(2) このフランス語の意味を私に教えてくれませんか。わからないのです。
　　 1 辞書　　2 大きさ　　3 意味　　4 理由

　　　 ✓ 2文目で I don't understand it.（わからないのです。）と言っていることから，この it が指しているものとして**3**が適切。

(3) *A*： すみません。このコートを試着したいのですが。試着室はどこですか。
　　 B： あちらにございます，お客様。
　　 1 put（〜を置く）の ing 形　　　　2 pick（〜を選ぶ）の ing 形
　　 3 hit（〜を打つ）の ing 形　　　　4 fit（〜を合わせる）の ing 形

　　　 ✓ I want to try on this coat.（このコートを試着したい。）と言っていることから，「試着室」という意味になる**4**が適切。

(4) 静かで穏やかな夜だったので，私はとてもよく眠りました。
　　 1 近い　　2 怒った　　3 穏やかな　　4 難しい

　　　 ✓ I slept very well（とてもよく眠りました）とあるので，night の前に入る語として**3**が適切。quiet（静かな）があることも手がかりとなる。

(5) A: お母さん，ぼくはシャワーを浴びたいんだ。きれいなタオルはある？
B: ええ，ボビー。浴室に何枚かあるわよ。
1 地図　　2 床　　3 取っ手　　4 タオル

✎ シャワーを浴びると言うAに，BがYesと答えたあとでThere are some in the bathroom.（浴室に何枚かあるわよ。）と言っていることから，4が適切。

📖 WORDS&PHRASES
□ **take a shower**—シャワーを浴びる　　□ **handle**—取っ手　　□ **towel**—タオル

(6) A: 何かを探しているの，ジュン？
B: うん，自転車のかぎをね。ポケット全部とかばんの中は見たんだけど。
1 型　　2 線　　3 仕事　　4 かぎ

✎ 何かを探しているのかと聞かれたBがI've looked in all my pockets and my bag.（ポケット全部とかばんの中は見たんだけど。）と言っていることから，bicycleに合うものとして4が適切。

📖 WORDS&PHRASES
□ **look for ～**——～を探す　　□ **type**—型　　□ **line**—線　　□ **job**—仕事　　□ **key**—かぎ

(7) A: ジャック。学校へ行く前にくつをきれいにしなさい。汚れているわよ。
B: わかったよ，お母さん。やるよ。
1 汚れた　　2 具合が悪い　　3 のどが渇いた　　4 丸い

✎ AがClean your shoes（くつをきれいにしなさい）と言っていることから，「汚れた」という意味の1が適切。Theyはyour shoesを指している。

📖 WORDS&PHRASES
□ **dirty**—汚れた　　□ **sick**—具合が悪い　　□ **thirsty**—のどが渇いた　　□ **round**—丸い

(8) トムの両親は，彼が試験に合格したときに彼をとても誇りに思いました。
1 ～によって　　　　　　2 （be proud of ～で）～を誇りに思う
3 ～の上に　　　　　　4 ～から

✎ when he passed his exam（彼が試験に合格したときに）とあることから，be proud of ～ で「～を誇りに思う」という意味になる2が適切。

📖 WORDS&PHRASES
□ **be proud of ～**——～を誇りに思う　　□ **pass**—～に合格する　　□ **exam**—試験

(9) 私の新しい電話は私の兄[弟]のものとちょうど同じです。
1 違う　　　　　　　　2 同じ
3 本当の　　　　　　　4 many, much (多い)の比較級

✎ the same as ～ で「～と同じ」という意味を表すので, 2 が適切。

📖 WORDS&PHRASES

□ just — ちょうど　　□ the same as ～ — ～と同じ　　□ different — 違う

(10) マイケルはコンピューターに興味がありますが, それを持っていません。
1 わくわくした　　　　2 興味を持って
3 難しい　　　　　　　4 自由な

✎ be interested in ～ で「～に興味がある」という意味を表すことから, 2 が適切。

📖 WORDS&PHRASES

□ be interested in ～ — ～に興味がある　　□ excited — わくわくした　　□ difficult — 難しい

(11) A : あなたの両親はどこで最初にお互いと出会ったのですか。
B : 中学校で会いました。
1 それぞれの　　　　　　2 そのように, それほど
3 毎～, ～ごとに　　　　4 多くの

✎ each other で「お互い」という意味を表すので, 1 が適切。

📖 WORDS&PHRASES

□ first — 最初に　　□ each other — お互い　　□ met — meet(～に出会う)の過去形

(12) 私の父は約束を破りました。彼は土曜日に働かなくてはならなかったので, 浜辺へ私たちを連れていくことができませんでした。
1 汚染　　2 約束　　3 問題　　4 目的

✎ 2文目で「父が働かなくてはならなかったので, 浜辺へ私たちを連れていくことができなかった」と言っていることから, break one's promise で「約束を破る」という意味になる, 2 が適切。

📖 WORDS&PHRASES

□ broke — break(～を破る)の過去形　　□ promise — 約束　　□ purpose — 目的

(13) ジョンはバレーボールを練習するために今日早く学校へ行きました。

1 〜を練習するために
2 practice（〜を練習する）の過去形、過去分詞
3 〜を練習する（practiceの原形）
4 practiceの3人称単数現在形

空所の前がJohn went to school（ジョンは学校へ行きました）という文になっているので、「〜するために」という意味を表す不定詞の副詞的用法の 1 が適切。

WORDS&PHRASES
□early—早く　□volleyball—バレーボール　□practice—〜を練習する

(14) A: このかぼちゃパイをだれが作ったか知っていますか。とてもおいしいです！
B: パティです。彼女は料理がとても上手なんです。

1 いつ　　　　　2 だれが
3 何が、何を　　4 どうやって

BがPatty did.と答えていることから、「だれが」という意味を表す 2 が適切。did はmade this pumpkin pie を省略した形。

WORDS&PHRASES
□pumpkin—かぼちゃ　□delicious—とてもおいしい　□cook—料理人

(15) A: フミコ、きみのお兄[弟]さんは大学に行っているんだよね？
B: ええ、今年卒業するのよ。

1 was notの短縮形　　　2 does notの短縮形
3 will notの短縮形　　　4 cannotの短縮形

「〜ですね」と確認する表現にする。主語が3人称単数で一般動詞の現在の文なので、does not の短縮形 doesn't を使って〈doesn't＋主語〉の形にする。2 が適切。

WORDS&PHRASES
□university—大学　□graduate—〜を卒業する

(16) 販売員：こんにちは，お客様。お手伝いいたしましょうか。

　客：いいえ，結構です。見ているだけです。

販売員：承知いたしました。私が必要であればお知らせください。

　　　　1 私がそれを持っていれば

　　　　2 それが到着するときに

　　　　3 私が必要であれば

　　　　4 あなたが来られるときに

☑ I'm just looking.（見ているだけです。）という客に販売員が All right.（承知いたしました。）と言っている話の流れから，「私が必要であれば」という意味の3が適切。

📖 WORDS&PHRASES

□ salesclerk — 販売員　　□ customer — 客　　□ need — 〜を必要とする

(17) 男性：今夜夕食に外出しない？

女性：いいわよ。イタリア料理はどう？

男性：いいね。

　　　　1 イタリア料理はどう？

　　　　2 家で食べましょう。

　　　　3 塩を取ってもらえる？

　　　　4 私がテーブルをきれいにするわ。

☑ 「夕食に外出しない？」と誘われて OK. と応じている女性に，男性が Sounds good.（いいね。）と答えていることから，イタリア料理を食べに行くことを提案している1が適切。

📖 WORDS&PHRASES

□ Sounds good. — いいですね。　　□ pass — 〜を手渡す　　□ salt — 塩

(18) 夫：この店のレインコートのどれか気に入った？

妻：入り口のそばにある赤いのがすてきよ。それを買おうと思うわ。

　　　　1 冬の間にたくさん雨が降るわ。

　　　　2 それは姉[妹]からの贈り物だったのよ。

　　　　3 入り口のそばにある赤いのがすてきよ。

　　　　4 特売は先週末に終わったわ。

☑ Do you like any of the raincoats in this shop?（この店のレインコートのどれか気に入った？）と聞かれた女性が，I think I'll buy it.（それを買おうと思う

わ。)と言っている話の流れから，気に入ったレインコートのことを言っている**3**が適切。ここでのoneはraincoatを指している。

(19) **少女1**：あなたがバイオリンを持っているなんて知らなかった。**どれくらいの頻度でそれを弾くの？**
　　　少女2：月に1，2回だけよ。
　　　　　　　1　いつそれを入手したの？
　　　　　　　2　どれくらいの頻度でそれを弾くの？
　　　　　　　3　それはプレゼントだったの？
　　　　　　　4　それは高価なもの？

✏️　少女2が Only once or twice a month.（月に1，2回だけよ。）と答えているので，バイオリンを弾く頻度を聞いている**2**が適切。

(20) **少年**：急いで，クリスティン。ぼくたちは英語の授業に行く必要があるよ。
　　　少女：**ちょっと待って。**ロッカーから辞書を取ってこなくてはならないわ。
　　　　　　　1　週に3つのレッスンよ。
　　　　　　　2　少しだけ。
　　　　　　　3　私は答えを知っているわ。
　　　　　　　4　ちょっと待って。

✏️　「英語の授業に行くから，急いで」と言う少年に，少女がI have to get my dictionary（辞書を取ってこなくてはならないわ）と答えていることから，「ちょっと待って。」という意味の**4**が適切。

本文の意味

ご両親へのお知らせ

8年生（日本でいう中学2年生）は理科の授業で学校で野菜を育てる予定です。庭の準備をするために5月28日に何人かの生徒たちが学校へ来るのですが，私たちは彼らを手伝いに来てくれる5人の親御さんを探しております。

日付：5月28日，土曜日
時：午前10時〜午後3時
㉑**場所**：学校のプールのそばに集合
持ち物：食べ物や飲み物

㉒運ぶのに重いものがたくさんありますので，力強い方である必要があります。

もしお手伝いが可能でしたら，5月24日までに理科のクラーク先生，344-2323までお電話ください。

---

(21)　5月28日に，親たちは…集合するべきです。
1　スーパーマーケットに　　　　2　クラーク先生の教室の外に
3　学校のプールの隣に　　　　　4　理科室に

- -

☑　下線部㉑に Where: Meet beside the school pool（学校のプールのそばに集合）とあるので，**3**が適切。

(22)　親たちは学校で何をしなければなりませんか。
1　理科の授業を教えます。　　　2　生徒たちに飲み物を作ります。
3　野菜を売ります。　　　　　　4　重いものを運びます。

- -

☑　下線部㉒を見ると，You need to be strong because there will be many heavy things to carry.（運ぶのに重いものがたくさんありますので，力強い方である必要があります。）とあるので，**4**が適切。

📖 WORDS&PHRASES

□ **notice**―お知らせ	□ **grade**―学年	□ **grow**―〜を育てる	□ **vegetable**―野菜
□ **get**―〜を…にする	□ **look for**―〜を探す	□ **meet**―集合する	
□ **beside**―〜のそばに	□ **by**―〜までに	□ **next to 〜**――〜の隣に	

本文の意味

送信者：アマンダ・ジャービス
宛先：ジョージ・ウィルソン，ドナ・トンプソン
日付：2月10日
件名：ワード先生

こんにちは　ジョージとドナ，
ワード先生が私たちの学校を去るなんていまだに信じられないわ。彼はとてもいい先生よ！　㉓今日の午後先生と話したんだけど，奥さんがボストンの大学で新しい仕事を見つけたと言っていたわ。先生たちはすぐにそこへ引っ越すそうよ。そのことはとても悲しいけど，ボストンでの生活を先生に楽しんでほしいの。先生の娘さんは，そこで楽しいことがいっぱいあると思うわ。ドナ，今日のお昼休みに，ワード先生にプレゼントを買わなきゃとあなたは言っていたわね。それはすばらしい考えだと思うわ。すぐにまたね，
アマンダ

送信者：ジョージ・ウィルソン
宛先：アマンダ・ジャービス，ドナ・トンプソン
日付：2月11日
件名：いい考え

こんにちは，
ぼくも，プレゼントを買うのはいい考えだと思うよ。ワード先生はいつもぼくたちにやさしかったから，ぼくたちはすてきな物をあげなきゃね。㉔先生がスポーツ全てを好きなのは知っているけど，サッカーが一番大好きだと聞いたよ。先生は読書も好きだから，サッカーについての本はどうかな？　また，クラスのみんなにも手伝ってくれるように頼まないとね。みんなが少しお金を出せば，本当に特別なものを先生にあげられるよ。
ジョージ

送信者：ドナ・トンプソン
宛先：ジョージ・ウィルソン，アマンダ・ジャービス
日付：2月11日
件名：贈り物

こんにちは　ジョージとアマンダ，
ジョージに賛成よ。クラスメイトに手伝ってくれるように頼みましょう。もしみんなが5ドル出せば，100ドルあるわ。そうすると，本よりいい物を先生に買うことができるわね。先生の大好きなサッカーチームは確かパンサーズよね？　㉕先日私はインターネットでとてもかっこいいパンサーズの時計を見たの。100ドルくらいだった。㉕十分なお金を集めることができたら，先生にそれを買うべきと思うわ。どう思う？
月曜日にまたね，
ドナ

(23) ワード先生はなぜ引っ越すのですか。
1 彼は教えるのをやめます。
2 彼は大学へ戻りたいのです。
3 彼の娘がボストンに住んでいます。
4 彼の妻が新しい仕事を得ました。

下線部㉓に注目。… he said his wife found a new job at a university in Boston. (…奥さんがボストンの大学で新しい仕事を見つけたと言っていたわ。)とあるので，4が適切。

(24) ジョージはワード先生について何を聞きましたか。
1 彼の大好きなスポーツはサッカーです。
2 彼は多くのすてきなものを持っています。
3 彼の授業はとてもつまらないです。
4 彼はサッカーについての本を書きました。

下線部㉔に注目。… I heard that he loves soccer the best. (…先生はサッカーが一番大好きだと聞いたよ。)とあることから，1が適切。

(25) ドナはワード先生に何をあげたいですか。
1 お金です。
2 時計です。
3 サッカーボールです。
4 本です。

下線部㉕に注目。I saw a really cool Panthers clock …. (…私はとてもかっこいいパンサーズの時計を見たの。)，…, I think we should buy him that. (…，先生にそれを買うべきと思うわ。)とあることから，2が適切。4の「本」は，

ジョージが先生にあげることを提案していたもの。

3C

（問題　p.068 〜 069）

本文の意味

グランド・セントラル・ターミナル

㉚ニューヨーク市の最も有名なシンボルの1つはグランド・セントラル・ターミナルです。これは市の主要な電車の駅です。毎日約 75 万人の人がそれを通って歩きます。

㉖駅が最初にコーネリアス・ヴァンダービルトという名の男性によって 1871 年に建てられたとき，それはグランド・セントラル・デポと呼ばれました。1901 年に，もっと大きいビルが建てられて，グランド・セントラル・ステーションと名付けられました。㉗しかしながら，1902 年に電車の大事故のせいで，そのビルは閉められました。1913 年に，新しくてさらにもっと大きな駅が開かれ，それはグランド・セントラル・ターミナルという名前を与えられました。これは今日人々が今もなお見ることができるものです。

グランド・セントラル・ターミナルには 44 のホームがあります。それは世界のほかのどの電車の駅よりも多いです。それにはまた 67 の電車の線路もあります。主要な通路はメイン・コンコースと呼ばれ，それはとても大きいです。窓は約 23 メートルの高さです。メイン・コンコースは見るべき興味深いものが多くあります。㉘中央には，オパールで作られた有名な時計があります。オパールはとても高価な石なので，それには何百万ドルもかかりました。時計のそばで多くの人々が友達に会います。

メイン・コンコースの天井には，2500 個の輝く星がある夜空の絵があります。この天井は 1912 年に作られましたが，古くて雨水がビルの中に入ってきたので，1944 年に覆い隠されました。㉙1996 年から 1998 年まで，天井はきれいにされて修理されました。現在，それはそのビルの最も美しい部分の1つです。

(26) 1871年，ニューヨーク市の主要な電車の駅の名前は…でした。
1 グランド・セントラル・ターミナル
2 グランド・セントラル・ステーション
3 グランド・セントラル・デポ
4 メイン・コンコース

下線部㉖に When the station was first built in 1871 …, it was called Grand Central Depot.（駅が最初に…1871年に建てられたとき，それはグランド・セントラル・デポと呼ばれました。）とあるので，3が適切。

(27) 1902年に何が起こりましたか。
1 グランド・セントラル・デポが建てられました。
2 グランド・セントラル・ステーションでひどい事故がありました。
3 新しいグランド・セントラル・ターミナルが開きました。
4 コーネリアス・ヴァンダービルトという名の男性が生まれました。

下線部㉗に …, that building（＝Grand Central Station）was closed because of a big train accident in 1902.（…，1902年に電車の大事故のせいで，そのビルは閉められました。）とあるので，2が適切。

(28) 時計はなぜ何百万ドルもかかったのですか。
1 それには，その中に輝く光を持つ多くの星があります。
2 それには，その上に有名な人々の絵があります。
3 それは高価な石で作られています。
4 それは23メートルの高さです。

下線部㉘に …, there is a famous clock made of opal. Opal is a very expensive stone, so it cost millions of dollars.（…，オパールで作られた有名な時計があります。オパールはとても高価な石なので，それには何百万ドルもかかりました。）とあるので，3が適切。

(29) メイン・コンコースでは何がきれいにされて修理されましたか。
1 天井です。　2 ホームです。
3 時計です。　4 窓です。

下線部㉙に From 1996 to 1998, the ceiling was cleaned and fixed.（1996年から1998年まで，天井はきれいにされて修理されました。）とあるので，1が適切。

(30) この話は何に関するものですか。
1 電車でアメリカを旅して回ること。

2 コーネリアス・ヴァンダービルトの生涯。

3 ニューヨーク市の新しい美術館。

4 ニューヨーク市の有名な場所。

📝 下線部㉚にOne of New York City's most famous symbols is Grand Central Terminal.（ニューヨーク市の最も有名なシンボルの1つはグランド・セントラル・ターミナルです。）とあり，本文全体を通して，グランド・セントラル・ターミナルについて述べられているので，4が適切。

📖 WORDS&PHRASES

□ **grand**— 壮大な　□ **central**— 中心の　□ **terminal**— 終着駅
□ **symbol**— シンボル　□ **main**— 主要な　□ **through**— 〜を通って
□ **built**— **build**（〜を建てる）の過去分詞　□ **by**— 〜によって
□ **name**— 〜に…と名前を付ける　□ **depot**— 駅　□ **however**— しかしながら
□ **because of ～**— 〜のせいで　□ **accident**— 事故
□ **even**— さらに　□ **given**— **give**（〜を与える）の過去分詞　□ **still**— 今もなお
□ **more**— **many**(多い)の比較級　□ **concourse**— 中央通路　□ **interesting**— 興味深い
□ **middle**— 中央　□ **made of ～**— 〜で作られた　□ **opal**— オパール
□ **expensive**— 高価な　□ **stone**— 石　□ **cost**— **cost**(〜がかかる)の過去形
□ **millions of ～**— 何百万もの〜　□ **bright**— 輝く　□ **cover**— 〜を覆い隠す
□ **fix**— 〜を修理する　□ **happen**— 起こる　□ **bad**— ひどい
□ **be made of ～**— 〜で作られている

ライティング

4 （問題 p.070）

質問の意味

ご飯とパンでは，あなたはどちらをよく食べますか。

解答例 1

I eat bread more often than rice. There are many kinds of delicious bread at my favorite bakery. I also enjoy making sandwiches with my mother for lunch.

（28語）

解答例1の意味

私はご飯よりパンをよく食べます。私のお気に入りのパン屋に多くの種類のおいしいパンがあります。また私は昼食に母とサンドイッチを作ることを楽しみます。

✔ Which do you eat more often, A or B? という質問に対しては，1文目で I eat A[B] more often than B[A]. の形で問題文に対する自分の答えを示す。2文目で1つ目の理由を述べ，3文目で I also ～. と2つ目の理由を述べるとよい。

解答例 2

I eat rice more often than bread. It is because I like Japanese food, especially rice balls which my mother makes. Also, I sometimes enjoy making Japanese food for my family.

（31語）

解答例2の意味

私はパンよりもご飯をよく食べます。それは日本食，特に母が作ってくれるおにぎりが好きだからです。また，ときどき家族のために日本食を作ることを楽しんでいます。

✔ まず1文目で，I eat A[B] more often than B[A]. という形で質問に対する自分の立場を示す。2文目で because を用いて1つ目の理由を述べ，3文目で Also を用いてもう1つの理由を付け加えるとよい。 enjoy ～ing は「～するのを楽しむ」の意味を表す。

リスニングテスト第1部

（問題 p.071〜072）

〈例題〉

A: I'm hungry, Annie.	「おなかがすいたよ，アニー。」
B: Me, too. Let's make something.	「私も。何か作りましょう。」
A: How about pancakes?	「パンケーキはどう？」
1 On the weekend.	1 「週末に。」
2 For my friends.	2 「私の友達のためよ。」
3 That's a good idea.	**3 「それはいい考えね。」**

No.1

A: Is John's house on this street?	「ジョンの家はこの通りにあるの？」
B: Yes. We're almost there.	「ええ。もう少しでそこに着くわ。」
A: Which side of the street is it on?	「通りのどちら側にあるの？」
1 It's on the left.	**1 「それは左側にあるわよ。」**
2 It's too crowded.	2 「それはとても混雑しているわ。」
3 It's much bigger.	3 「それははるかに大きいわ。」

No.2

A: I like the book you lent me.	「きみが貸してくれた本が気に入っているよ。」
B: Did you finish it?	「読み終えたの？」
A: No. Can I keep it longer?	「いや。もっと長く持っていてもいい？」
1 Sure. Give it back to me next week.	**1 「いいわよ。来週返してね。」**
2 Yes. I always study hard.	2 「ええ。私はいつも一生懸命勉強するわ。」
3 OK. It was five dollars.	3 「いいわよ。それは5ドルだったわ。」

No.3

A: Dan, you're late again.	「ダン，あなたはまた遅刻していますよ。」
B: I'm sorry, Ms. Jones.	「ごめんなさい，ジョーンズ先生。」
A: What happened?	「どうしたのですか。」
1 I didn't hear my alarm clock.	**1 「目覚まし時計の音が聞こえなかったんです。」**
2 I stayed for a week.	2 「1週間滞在しました。」
3 I'll get a pencil case.	3 「筆箱を買います。」

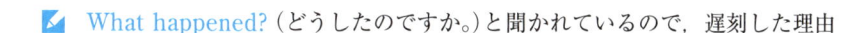 What happened?（どうしたのですか。）と聞かれているので，遅刻した理由

を答えている **1** が適切。

No.4

A: How's your cold?	「かぜはどう？」
B: It's a little better today.	「今日は少しよくなったよ。」
A: Will you be at school tomorrow?	「明日は学校に来るの？」
1 That's too bad.	1「それは残念だね。」
2 You can do it.	2「きみはそれができるよ。」
3 **I'm not sure.**	3「わからない。」

No.5

A: We're almost at the restaurant.	「もう少しでレストランに着くわ。」
B: Great. I'm so hungry.	「いいね。とてもおなかがすいているよ。」
A: You're going to love the food.	「あなたは料理が大好きになるわ。」
1 The table by the window.	1「窓のそばのテーブルだよ。」
2 **I'm looking forward to it.**	2「それを楽しみにしているんだ。」
3 You're a great cook.	3「きみは料理が上手だね。」

- - -

✔ 答えの look forward to ～ は「～を楽しみにする」という意味。ここでの it は the food を指している。

No.6

A: Excuse me. My drink still hasn't arrived.	「すみません。私の飲み物がまだ来ていないのですが。」
B: I'm sorry, sir.	「申し訳ございません，お客様。」
A: I ordered it 10 minutes ago.	「10分前に注文しましたよ。」
1 I'll clean it for you.	1「掃除いたします。」
2 **I'll go and get it right away.**	2「今すぐ取りに行ってまいります。」
3 That'll be $20.	3「それは20ドルです。」

No.7

A: Thanks for coming, Mom.	「来てくれてありがとう，お母さん。」
B: No problem. I hope you have a good game.	「何でもないわよ。あなたがいい試合ができるといいわね。」
A: Is Dad here, too?	「お父さんもここにいるの？」
1 I'll sit over there.	1「私はあそこに座るわ。」
2 I love all sports.	2「私は全てのスポーツが大好きよ。」
3 **He'll be here soon.**	3「彼はすぐにここに来るわ。」

- - -

✔ Is Dad here, too?（お父さんもここにいるの？）と聞かれているので，He で

答えている **3** が適切。

No.8

A: I went to see a movie yesterday.	「昨日映画を見に行ったわ。」
B: Which one?	「どの映画？」
A: *The Fisherman's Basket*. Have you seen it?	「『漁師のかご』よ。あなたは見たの？」
1 OK, here's your ticket.	1 「いいよ，チケットをどうぞ。」
2 No, but I want to.	**2** 「いや，でも見たいな。」
3 Yes, I like popcorn.	3 「うん，ポップコーンが好きだよ。」

No.9

A: These cookies are delicious.	「これらのクッキーはおいしいわ。」
B: Thanks. Can you take one to Mom?	「ありがとう。お母さんに1つ持っていってくれる？」
A: Sure. Where is she?	「わかったわ。どこにいるのかしら？」
1 She loves to cook.	1 「彼女は料理するのが大好きだよ。」
2 It was in my recipe book.	2 「それはぼくのレシピ本にあったよ。」
3 I think she's in the garden.	**3** 「庭にいると思うよ。」

Where is ～? (～はどこにいますか。) は，場所をたずねるときの表現。「庭にいると思うよ。」と母の居場所について答えている **3** が適切。

No.10

A: Is today your last day at this school, Ms. Warner?	「今日がこの学校でのあなたの最後の日ですか，ワーナー先生。」
B: Yes, Billy.	「そうですよ，ビリー。」
A: We'll really miss you.	「ぼくたちはあなたがいなくてとても寂しくなります。」
1 It was in the library.	1 「それは図書館にありましたよ。」
2 You got a good score.	2 「あなたはいい点を取りました。」
3 I'll come back to visit soon.	**3** 「すぐに訪ねに戻ってきますよ。」

リスニングテスト第2部 （問題　p.073 〜 074）

No.11

A: Hi, I'd like a ticket for the 12:15 train to New York.
B: I'm afraid it just left, sir.
A: Oh no! When's the next train?
B: In 45 minutes. It leaves at 1 p.m.

Question **When will the next train leave?**

A: こんにちは，ニューヨーク行きの 12 時 15 分の電車の切符がほしいのですが。
B: そちらはちょうど出発したと思います，お客様。
A: ああ，しまった！　次の電車はいつですか。
B: 45 分後です。午後 1 時に出発いたします。

質問 **次の電車はいつ出発しますか。**

1　午後 12 時 15 分です。	2　午後 12 時 50 分です。
3　午後 1 時です。	4　午後 1 時 45 分です。

次の電車が出発する時刻をたずねている。When's the next train?（次の電車はいつですか。）と聞かれて，Bが It leaves at 1 p.m.（午後 1 時に出発いたします。）と答えていることから，**3** が適切。**1** の「午後12時15分」は，男性が乗りたかった電車の出発時刻。

📖 WORDS&PHRASES

□ **I'd like 〜.** — 〜がほしい。　　□ **I'm afraid 〜.** —（残念ながら）〜と思う。

No.12

A: Meg, let's play tennis at the park on Saturday.
B: I thought your tennis racket was broken, Jonathan.
A: I got a new one yesterday. It's really nice.
B: That's great. Let's meet at nine.

Question **What does Jonathan want to do on Saturday?**

A: メグ，土曜日に公園でテニスをしよう。
B: あなたのテニスラケットは壊れたと思ったんだけど，ジョナサン。
A: 昨日新しいのを買ったんだ。とてもいいんだよ。
B: それはすごいわね。9 時に会いましょう。

質問 **ジョナサンは土曜日に何をしたいですか。**

1　メグとテニスをする。	2　テレビでテニスを見る。
3　メグと買い物に行く。	4　新しいテニスラケットを買う。

ジョナサンが土曜日にしたいことをたずねている。A（ジョナサン）が，最初に Meg, let's play tennis at the park on Saturday.（メグ，土曜日に公園でテニスをしよう。）と言っていることから，**1** が適切。**4** は昨日ジョナサンがしたこと。

📖 **WORDS&PHRASES**

□ **thought** — think（思う）の過去形　　□ **broken** — 壊れた

No.13

🔈

A: How was your trip to the mountains?

B: We couldn't ski. There wasn't enough snow.

A: Oh no! What did you do?

B: We went hiking.

Question　**Why couldn't the man go skiing?**

A: 山への旅行はどうでしたか。

B: スキーをすることができませんでした。雪が十分にはなかったんです。

A: あら，まあ！　何をしたのですか。

B: ハイキングに行きました。

質問　**男性はなぜスキーに行けなかったのですか。**

1　それは高価すぎました。　　　　2　彼は山から遠くにいました。

3　彼にはひどい頭痛がありました。　4　十分な雪がありませんでした。

 男性がスキーに行けなかった理由をたずねている。B（男性）が We couldn't ski. There wasn't enough snow.（スキーをすることができませんでした。雪が十分にはなかったんです。）と言っていることから，**4** が適切。

📖 **WORDS&PHRASES**

□ **enough** — 十分な　　□ **expensive** — 高価な　　□ **headache** — 頭痛

No.14

🔈

A: What are you going to do this weekend, Ted?

B: My grandfather is coming to visit.

A: Are you going anywhere together?

B: Yeah, we'll go to the zoo.

Question　**What will Ted do this weekend?**

A: 今週末あなたは何をするの，テッド？

B: 祖父が訪ねて来るんだ。

A: 一緒にどこかへ行くの？

B: うん，動物園へ行くよ。

質問 **テッドは今週末何をしますか。**

1 友人と遊びます。 **2 動物園を訪れます。**

3 祖父の家に行きます。 4 友達と旅行に行きます。

 テッドが今週末にすることをたずねている。Are you going anywhere together?（一緒にどこかへ行くの？）と聞かれて，B（テッド）が Yeah, we'll go to the zoo.（うん，動物園へ行くよ。）と答えていることから，**2** が適切。

No.15

🔊

A: I'm going to drive you to school today, Ann. Did you have breakfast?

B: Yes, Dad. And I brushed my teeth and washed my face.

A: All right. Get your books.

B: OK.

Question **What does Ann's father tell her to do?**

A: 今日は学校まで車で送るよ，アン。朝食は食べたの？

B: ええ，お父さん。あと歯を磨いて顔を洗ったわ。

A: よろしい。本を取ってきなさい。

B: わかったわ。

質問 **アンの父親は彼女に何をするように言っていますか。**

1 朝食を食べる。 **2 本を取ってくる。**

3 歯を磨く。 4 顔を洗う。

 アンの父親がアンにするように言っていることをたずねている。A（父親）が Get your books.（本を取ってきなさい。）と言っているので，**2** が適切。**1**，**3**，**4** は，アンがすでにしたこと。

No.16

🔊

A: How was the sale?

B: Great. Hats were only $10 each, so I decided to get one.

A: That's cheap.

B: I also got four pairs of socks for $15.

Question **How much was the hat?**

A: 特売はどうでしたか。

B: すばらしかったです。帽子が 1 つわずか 10 ドルだったので，1 つ買うことにしました。

A: それは安いですね。

B: また 15 ドルでくつ下 4 足も買いました。

質問 **帽子はいくらでしたか。**

1　1ドルです。　　　　　　　　　　2　4ドルです。

3　10 ドルです。　　　　　　　　　4　15ドルです。

🔷 帽子の値段をたずねている。B（女性）がHats were only $10 each（帽子が 1 つわずか10ドルだった）と言っていることから，**3**が適切。**4**の「15ドル」は女性が買った 4 足のくつ下の値段。

No.17

A: Did you enjoy watching the soccer game?

B: I was sick, so my mother said I couldn't go.

A: That's too bad. Who did you give your ticket to?

B: My brother. He said it was a good game.

Question **Who went to the soccer game?**

A: サッカーの試合を見るのを楽しんだかい？

B: 私は具合が悪かったから，母が私は行けないと言ったわ。

A: それは残念だね。だれにチケットをあげたの？

B: 兄［弟］よ。彼はいい試合だったと言ったわ。

質問 **だれがサッカーの試合に行きましたか。**

1　少女です。　　　　　　　　　**2　少女の兄[弟]です。**

3　少女の母親です。　　　　　　4　少女の祖母です。

🔷 サッカーの試合に行った人物をたずねている。具合が悪くてサッカーの試合に行けなかったB（少女）が，AにWho did you give your ticket to?（だれにチケットをあげたの？）と聞かれて，My brother.（兄［弟］よ。）と答えていることから，**2**が適切。

No.18

🔊
- *A:* Can I help you?
- *B:* Yes, I'd like to borrow these books. Here's my card.
- *A:* Thanks. Please bring them back by July 17.
- *B:* OK, thank you.

Question **Where are they talking?**

- *A:* お手伝いいたしましょうか。
- *B:* はい，これらの本を借りたいのですが。はい，カードです。
- *A:* ありがとうございます。7月17日までにご返却ください。
- *B:* わかりました，ありがとう。

質問 **彼らはどこで話していますか。**

1 図書館でです。　　　　　　　　2 コンビニエンスストアでです。
3 郵便局でです。　　　　　　　　4 銀行でです。

✎ 2人が話している場所をたずねている。I'd like to borrow these books. (こ
れらの本を借りたいのですが。)，Please bring them back by July 17. (7月
17日までにご返却ください。)などから，1が適切。

📖 WORDS&PHRASES
□ **borrow** ―〜を借りる　　□ **bring 〜 back** ―〜を返す　　□ **by** ―〜までに

No.19

🔊
- *A:* Where's Sam?
- *B:* He's still at his friend's house. I have to go and pick him up at six.
- *A:* I'll make dinner, then.
- *B:* Thanks, honey.

Question **What does the woman need to do?**

- *A:* サムはどこにいるの？
- *B:* まだ友達の家にいるわ。6時に車で迎えに行かなくてはならないの。
- *A:* それじゃあ，ぼくが夕食を作るよ。
- *B:* ありがとう，あなた。

質問 **女性は何をする必要がありますか。**

1 サムを車で迎えに行く。　　　2 家を掃除する。
3 夕食を買う。　　　　　　　　4 友人に電話をする。

✎ 女性がする必要のあることをたずねている。B (女性)がI have to go and
pick him (＝Sam) up at six. と言っているので，1が適切。

No.20

A: Do you have your passport and ticket?

B: Yes, but I can't find my watch.

A: Did you look in the car?

B: Yes, it wasn't there.

Question **What is the woman looking for?**

- -

A: あなたはパスポートとチケットを持っていますか。

B: はい，でも腕時計を見つけられません。

A: 車の中を見ましたか。

B: はい，そこにはなかったのです。

質問 **女性は何を探していますか。**

1　パスポートです。　　　　　2　チケットです。

3　腕時計です。　　　　　　　4　車のかぎです。

- -

女性が探しているものをたずねている。B（女性）が I can't find my watch（腕時計を見つけられません）と言っていることから，**3**が適切。**1**の「パスポート」，**2**の「チケット」は持っていると言っている。

WORDS&PHRASES

□ **passport**─パスポート　　□ **watch**─腕時計　　□ **key**─かぎ

No.21

Last Sunday, my dad and I went fishing on Lake George. We arrived early in the morning. We caught three fish and ate them for lunch. It was fun.

Question　**What is the boy talking about?**

この前の日曜日，父とぼくはジョージ湖へ釣りに行きました。ぼくたちは朝早くに着きました。ぼくたちは魚を3びき釣って，昼食にそれらを食べました。楽しかったです。

質問　少年は何について話していますか。

1　釣りに行くことです。　　　　　2　昼食を買うことです。
3　父親の職業です。　　　　　　　4　大好きな魚です。

☑　最初に Last Sunday, my dad and I went fishing on Lake George. (この前の日曜日，父とぼくはジョージ湖へ釣りに行きました。)と話していて，そのあとも釣った魚の話をしていることから，1 が適切。

📖 WORDS&PHRASES
□ **caught** — **catch**(〜を捕らえる)の過去形　　□ **ate** — **eat**(〜を食べる)の過去形

No.22

Mr. Kato studies English three times a week. Next month, he's moving to London. He's going to work there for a year. He is excited about living in London.

Question　**How long will Mr. Kato be in London?**

カトウさんは週に3回英語を勉強しています。来月，彼はロンドンに引っ越します。彼はそこで1年間働く予定です。彼はロンドンに住むことを考えてわくわくしています。

質問　カトウさんはどれくらいロンドンにいますか。

1　1週間です。　　　　　　　　　2　3週間です。
3　1年間です。　　　　　　　　　4　3年間です。

☑　He's going to work there(= in London) for a year. (彼はそこで1年間働く予定です。)と言っていることから，3 が適切。2，4の「3」という数字は，カトウさんが英語を勉強する「週に3回」として出てきたもの。

📖 WORDS&PHRASES
□ 〜 **times** — 〜回　　□ **be excited about** 〜 — 〜のことを考えてわくわくする

No.23

Steve went shopping with his grandfather last Saturday. At the supermarket, Steve saw a friend from school. She was with her parents. Steve said hello to them.

<u>Question</u> **Who did Steve go shopping with last Saturday?**

スティーブはこの前の土曜日に祖父と買い物に行きました。スーパーマーケットで，スティーブは学校の友人に会いました。彼女は両親といました。スティーブは彼らにあいさつしました。

<u>質問</u> **スティーブはこの前の土曜日にだれと買い物に行きましたか。**

1　友人です。　　　　　　　　　2　友人の両親です。
3　父親です。　　　　　　　　　4　祖父です。

最初に Steve went shopping with his grandfather last Saturday.（スティーブはこの前の土曜日に祖父と買い物に行きました。）と言っていることから，**4**が適切。

📖 **WORDS&PHRASES**
□ **saw** — **see**（〜と会う）の過去形　　□ **say hello to 〜** — 〜にあいさつする

No.24

I was born in Canada and grew up there. After college, I traveled around Europe and also visited many countries in Asia. Last year, I got a job in Sydney, Australia, and now I live there.

<u>Question</u> **Where does the woman live now?**

私はカナダで生まれてそこで育ちました。大学のあと，私はヨーロッパを旅して回って，アジアの多くの国も訪れました。昨年，私はオーストラリアのシドニーで仕事を得て，現在そこに住んでいます。

<u>質問</u> **女性は現在どこに住んでいますか。**

1　オーストラリアにです。　　　2　カナダにです。
3　ヨーロッパにです。　　　　　4　アジアにです。

最後に Last year, I got a job in Sydney, Australia, and now I live there.（昨年，私はオーストラリアのシドニーで仕事を得て，現在そこに住んでいます。）と話していることから，**1**が適切。**2**の「カナダ」は生まれ育った国，**3**の「ヨーロッパ」と**4**の「アジア」は大学のあとに旅した地域。

📖 **WORDS&PHRASES**
□ **be born** — 生まれる　　□ **grow up** — 育つ　　□ **grew** — **grow**（育つ）の過去形

No.25

I work in a small Italian place in Los Angeles. We often have famous customers. I make soups and salads. My boss is teaching me how to make other dishes, too.

> Question **What is the man's job?**

私はロサンゼルスの小さなイタリア料理屋で働いています。しばしば有名なお客さんが私たちのところに来店します。私はスープとサラダを作ります。私の上司はほかの料理の作り方も教えてくれています。

> 質問 **男性の職業は何ですか。**

1 彼は大工です。　　　　　　　2 彼は俳優です。

3 彼はコックです。　　　　　　4 彼は教師です。

📝 I work in a small Italian place（私は小さなイタリア料理屋で働いています），I make soups and salads.（私はスープとサラダを作ります。）などから，**3** が適切。

📖 **WORDS&PHRASES**

□ **customer**—客　　□ **boss**—上司　　□ **carpenter**—大工　　□ **actor**—俳優

No.26

My swimming club sold doughnuts at the school festival yesterday. We made 100 doughnuts, but we only sold 85. We ate the other 15 ourselves. They were delicious.

> Question **How many doughnuts did the swimming club sell yesterday?**

私の水泳部は昨日学園祭でドーナツを売りました。私たちは100個のドーナツを作ったのですが，85個しか売れませんでした。私たちは自分たちで残りの15個を食べました。おいしかったです。

> 質問 **水泳部は昨日何個のドーナツを売りましたか。**

1 15個です。　　　　　　　　2 50個です。

3 85個です。　　　　　　　　4 100個です。

📝 We made 100 doughnuts, but we only sold 85.（私たちは100個のドーナツを作ったのですが，85個しか売れませんでした。）と話しているので，**3**が適切。**1**の「15個」は売れ残って自分たちで食べた数で，**4**の「100個」は最初に作ったドーナツの数。

📖 **WORDS&PHRASES**

□ **sold**—**sell**（～を売る）の過去形　　□ **the other**—残りの　　□ **oneself**—自分自身で

No.27

Fiona wants to save some money. She loves books and magazines, so yesterday she went to the bookstore to ask about a job. She hopes to work there.

> Question **Why did Fiona go to the bookstore yesterday?**

フィオナはお金を貯めたいと思っています。彼女は本や雑誌が大好きなので，昨日仕事についてたずねるために書店に行きました。彼女はそこで働きたいのです。

> 質問 **フィオナはなぜ昨日書店に行ったのですか。**

1 本を買うためです。　　　　　　**2 仕事についてたずねるためです。**
3 雑誌を探すためです。　　　　　4 作家に会うためです。

> 📝 yesterday she went to the bookstore to ask about a job（昨日彼女は仕事についてたずねるために書店に行きました）と言っていることから，2が適切。

> **📖 WORDS&PHRASES**
> □ **save**──〜を貯める　　□ **hope to 〜**──〜したい　　□ **writer**──作家

No.28

Tom lives near a forest. He loves nature, and he's really interested in snakes. Yesterday, he saw one outside his house. He was excited, but a little scared, too.

> Question **What happened yesterday?**

トムは森の近くに住んでいます。彼は自然が大好きで，へびにとても興味があります。昨日，彼は家の外でそれを見ました。彼は興奮しましたが，少し怖くもありました。

> 質問 **昨日何が起こりましたか。**

1 **トムがへびを見ました。**　　　　2 トムが怖い映画を見ました。
3 トムが自分の家を掃除しました。　4 トムが森で道に迷いました。

> 📝 Yesterday, he saw one（＝a snake）outside his house.（昨日，彼は家の外でそれを見ました。）と言っていることから，1が適切。

> **📖 WORDS&PHRASES**
> □ **be interested in 〜**──〜に興味がある　　□ **scared**──怖い　　□ **get lost**──道に迷う

No.29

Attention, everyone. Today's baseball game was going to start at 5:30, but because of the heavy rain this afternoon, it'll start at 6:30. Please wait one hour.

When will the baseball game start?

お知らせいたします, 皆様。本日の野球の試合は5時30分に始まる予定でしたが, 午後の激しい雨により, 6時30分に始まります。1時間お待ちください。

質問 **野球の試合はいつ始まりますか。**

1　1時にです。　　　　　　　　2　5時30分にです。

3　6時にです。　　　　　　　　**4　6時30分にです。**

📝　Today's baseball game was going to start at 5:30, but because of the heavy rain this afternoon, it'll start at 6:30. (本日の野球の試合は5時30分に始まる予定でしたが, 午後の激しい雨により, 6時30分に始まります。)と言っていることから, **4**が適切。

📖 WORDS&PHRASES

□ **Attention.**─お知らせいたします。　　□ **because of 〜**─〜のために

No.30

🔊　I wanted to visit Italy last summer, but my husband didn't want to go.　He loves French art, so we went to France instead.　We had a great time.

Question **What did the woman do last summer?**

私はこの前の夏にイタリアを訪れたかったのですが, 私の夫は行きたくありませんでした。彼はフランスの芸術が大好きなので, 私たちは代わりにフランスへ行きました。私たちはすばらしい時を過ごしました。

質問 **女性はこの前の夏に何をしましたか。**

1　彼女は芸術の授業を受けました。

2　彼女はフランスを訪れました。

3　彼女は夫の家族に会いました。

4　彼女はイタリア語を勉強しました。

📝　1文目で last summer (この前の夏)の話をした上で, 2文目で we went to France instead (私たちは代わりにフランスへ行きました)と話していることから, **2**が適切。

📖 WORDS&PHRASES

□ **husband**─夫　　□ **art**─芸術, 美術　　□ **instead**─代わりに

英検 3 級

一次試験・筆記 [p.078 − p.086]

1	(1) 2	(2) 4	(3) 2	(4) 4	(5) 4	(6) 2	(7) 2	(8) 3
	(9) 4	(10) 3	(11) 2	(12) 1	(13) 3	(14) 2	(15) 2	
2	(16) 2	(17) 2	(18) 3	(19) 1	(20) 1			
3A	(21) 1	(22) 3						
3B	(23) 2	(24) 2	(25) 1					
3C	(26) 2	(27) 4	(28) 4	(29) 3	(30) 3			

4　（解答例1）
Yes, I like cooking for my family. First, I like to help my mother when she is very busy. Second, my family loves to eat my curry. I make it every Saturday.

（解答例2）
No, I don't like cooking for my family. It is because I'm not good at making Japanese food which my family likes very much. Also, my sister cooks much better than I.

一次試験・リスニング [p.087 − p.092]

第1部	[No.1] 1	[No.2] 1	[No.3] 1	[No.4] 2	[No.5] 2
	[No.6] 1	[No.7] 3	[No.8] 1	[No.9] 2	[No.10] 3
第2部	[No.11] 4	[No.12] 4	[No.13] 1	[No.14] 3	[No.15] 3
	[No.16] 2	[No.17] 3	[No.18] 4	[No.19] 1	[No.20] 1
第3部	[No.21] 4	[No.22] 4	[No.23] 2	[No.24] 3	[No.25] 4
	[No.26] 1	[No.27] 3	[No.28] 2	[No.29] 4	[No.30] 1

(1)　*A*：もう1ゲーム，テニスをしたい？
　　　B：いや，やめよう。ボールを見るにはあまりに暗くなってきているよ。
　　　1 自由な　　2 暗い　　3 高い　　4 静かな

> ✓　Bが let's stop（やめよう）と答えていることと，空所のあとの to see the ball
> （ボールを見るには）から，「暗い」という意味の**2**が適切。

　📖 WORDS&PHRASES
　□ **another**— もう1つの　　□ **too 〜 to …**— …するには〜すぎる　　□ **dark**— 暗い

(2)　*A*：この単語を説明してくれますか。私はそれがわかりません。
　　　B：いいですよ。それは難しくありません。
　　　1 〜を売る　　2 〜を救う　　3 〜を許す　　4 〜を説明する

> ✓　Aが I don't understand it（= this word）.（私はそれ〈= この単語〉がわかりま
> せん。）と言っていることから，「〜を説明する」という意味の**4**が適切。Can
> you 〜?は「〜してくれますか。」と依頼するときの言い方。

　📖 WORDS&PHRASES
　□ **word**— 単語　　□ **excuse**— 〜を許す　　□ **explain**— 〜を説明する

(3)　*A*：今は通りを渡らないでね，フレッド。見て。信号が赤よ。
　　　B：わかったよ，お母さん。
　　　1 〜を始める　　2 〜を渡る　　3 〜を終える　　4 〜を意味する

> ✓　Aが The light is red.（信号が赤よ。）と言っていることから，Don't に続き，そ
> のあとに street（通り）が続く語としては，「〜を渡る」という意味の**2**が適切。

　📖 WORDS&PHRASES
　□ **street**— 通り　　□ **light**— 信号　　□ **cross**— 〜を渡る　　□ **mean**— 〜を意味する

(4)　*A*：今夜は夕食にピザを注文しましょう，フランク。
　　　B：それはいい考えだね，お母さん。
　　　1 〜を引く　　2 〜を推測する　　3 〜に連絡する　　4 〜を注文する

> ✓　空所のあとの for dinner tonight（今夜は夕食に）と言っていることから，a
> pizza（ピザ）が続く語としては，「〜を注文する」という意味の**4**が適切。

　📖 WORDS&PHRASES
　□ **guess**— 〜を推測する　　□ **contact**— 〜に連絡する　　□ **order**— 〜を注文する

(5) パティは決して使わない古いティーカップの**コレクション**をかなり持っています。
1 空間　　2 惑星　　3 習慣　　**4 コレクション**

✅ large（多くの），of old teacups（古いティーカップの）と結びつくものとして，
「コレクション，収集物」という意味の**4**が適切。

(6) A: 私が1週間これらの花に水をあげるのを忘れたので，**枯れました**。
B: それは残念ですね。
1 **listen**（聞く）の過去形　　　　2 **die**（死ぬ，枯れる）の過去形
3 **write**（〜を書く）の過去形　　　4 **make**（〜を作る）の過去形

✅ I forgot to give these flowers water for a week, so（私が1週間これらの花に
水をあげるのを忘れたので，）と言っていることから，「枯れた」という意味の
2が適切。

(7) 私はロンドンで**育って**3年前に東京に来ました。
1 **lose**（〜を失う）の過去形
2 **grow**（育つ）の過去形
3 **know**（〜を知っている）の過去形
4 **become**（〜になる）の過去形

✅ grow up で「成長する，育つ」という意味を表すので，**2**が適切。ロンドンで
育ち，3年前に東京へやって来たという文になる。

(8) A: 自転車で学校まで来るのですか，グラント先生。
B: いいえ，ボブ。私は**遠く**に住んでいるのです。車で来ますよ。
1 速く　　2 まもなく　　**3 遠く**　　4 ほとんどない

✅ 最後にI come by car.（私は車で来ますよ。）と言っていることから，far away
で「遠く離れて」という意味を表す**3**が適切。

(9) ケイコは今朝目が覚めたとき, とても遅かったので朝食の時間がありませんでした。

1 いくらか　　2 あまりにも　　3 同じくらい　　**4 とても**

✔ so ～ that …で「とても～なので…」という意味を表すので, **4**が適切。

□ **woke**—**wake**(目覚める)の過去形　　□ **so ～ that** …— とても～なので…

(10) A : もしもし。トムです。ルークと話せますか。

B : いいですよ。そのまま切らずにお待ちください。

1 ～を作る　　　　　　　　　2 ～を引く

3（hold onで）そのまま待つ　　4 ～を決める

✔ AのHello.（もしもし。）やMay I speak to ～?（～と話せますか。）から電話での対話とわかるので, hold onで「(電話で)そのまま待つ」という意味を表す**3**が適切。

□ **may**—～してもよい　　□ **hold on**—そのまま待つ　　□ **decide**—～を決める

(11) A : シンディは遅れています。会議を始めましょう。

B : はい, 待つのに飽きました。

1 ひっくり返った　　**2 飽きた**　　3 静かな　　4 混雑した

✔ be tired of ～ingで「～するのに飽きた」という意味を表すので, **2**が適切。

□ **be tired of ～ing**—～するのに飽きた　　□ **upset**—ひっくり返った, 気が動転して

(12) A : あなたは仕事で沖縄へ行くのですか。

B : いいえ, 休暇でそこへ行きます。

1（on businessで）仕事で　　2 会社　　3 事務所　　4 作業

✔ BがNo, I'm going there on vacation.（いいえ, 休暇でそこへ行きます。）と答えていることから, on businessで「仕事で, 商用で」という意味を表す**1**が適切。

□ **on business**—仕事で, 商用で　　□ **on vacation**—休暇で

(13) 私の学校には世界中からやってきた生徒がいます。そこでは多くの言語が話されています。

1 ～を話す　　　　　　　　　2 speakの過去形

3 speakの過去分詞　　　　　　**4 speakのing形**

- ✅ 主語がMany languages，空所の前がbe動詞areであることから，受け身の文と判断できるので，過去分詞の**3**が適切。

📖 WORDS&PHRASES

□ **all over the world** — 世界中　　□ **spoken** — **speak**（～を話す）の過去分詞

(14) もし明日雨が降ったら，私は家にいて読書をするつもりです。
1 雨が降る
2 **rain**の3人称単数現在形
3 雨が降ること，雨が降るための［に］
4 **rain**のing形

- ✅ If ～（もし～したら）の文で，ここでの主語はitなので，動詞は3人称単数現在形の**2**が適切。

📖 WORDS&PHRASES

□ **if** — もし～ならば　　□ **stay** — いる

(15) 東京は世界のほとんどの大都市よりも安全であると，多くの人々が考えます。
1 安全な　　2 **safe**の比較級　　3 **safe**の最上級　　4 安全に

- ✅ 空所のあとのthanから，比較級の**2**が適切。Tokyoとmost big cities in the worldを比較した文になっている。

📖 WORDS&PHRASES

□ **than** — ～よりも　　□ **most** — ほとんどの　　□ **safe** — 安全な　　□ **safely** — 安全に

⒃ 　*母親*：京都への修学旅行はどうだった？

　　娘：すばらしい時を過ごしたわ。いつかまた行けるといいんだけど。

　　　　1　来週私たちは出発するわ。

　　　　2　すばらしい時を過ごしたわ。

　　　　3　私はホテルでそれを見つけたわ。

　　　　4　私は先生に聞くわ。

- -

◢　京都への修学旅行の感想を聞かれて，空所のあとで I hope I can go back one day.（いつかまた行けるといいんだけど。）と言っている状況から，「すばらしい時を過ごしたわ。」という意味の**2**が適切。

📖 **WORDS&PHRASES**

　□ **I hope ～.** ― ～であればいいと思う。　　□ **one day** ― いつか　　□ **leave** ― 出発する

⒄ 　*妻*：鶏肉は食べる用意ができているかしら？

　　夫：わからない。ぼくがオーブンを確認しに行くよ。

　　妻：ありがとう。

　　　　1　ぼくが…を売るよ。

　　　　2　ぼくが…を確認しに行くよ。

　　　　3　ぼくが…をきれいにするよ。

　　　　4　ぼくが…を選んで買うよ。

- -

◢　Is the chicken ready to eat?（鶏肉は食べる用意ができているかしら？）と聞かれた夫が I don't know.（わからない。）と答えていることから，the oven（オーブン）を「確認しに行く」と言っている**2**が適切。

📖 **WORDS&PHRASES**

　□ **be ready to ～** ― ～する用意ができている　　□ **oven** ― オーブン

⒅ 　*少女*：今日は本当に暑いわね。泳ぎに行かない？

　　少年：いい考えだね。バスの停留所のそばのプールに行こうよ。

　　　　1　なぜ私に券を買ってくれたの？

　　　　2　なぜ別の水着を買ったの？

　　　　3　泳ぎに行かない？

　　　　4　家にいない？

- -

◢　少女が It's really hot today.（今日は本当に暑いわね。），少年が Let's go to the pool by the bus station.（バスの停留所のそばのプールに行こうよ。）と言っていることから，泳ぎに行こうと誘っている**3**が適切。

□ **by**—〜のそばの　　□ **another**—別の，もう1つの　　□ **swimsuit**—水着

(19)　少年：何かなくしたの？

少女：ええ，私の自転車のかぎをね。それを見つけようとあらゆる所を探したけど，見つけられないの。

1　それを見つけようとあらゆる所を探した
2　それはちょうどあなたの前にある
3　あなたの自転車はとてもすてきだ
4　あなたはもっと気をつけてそれに乗るべきだ

✓　何かなくしたのかと聞かれて，Yes, my bicycle key.（ええ，私の自転車のかぎをね。）と答えた少女が，but I can't find it（でも，それを見つけられないの）と言っていることから，見つけようとあらゆる所を探したと言っている **1** が適切。

📖 WORDS&PHRASES

□ **lost**—**lose**（〜をなくす）の過去分詞　　□ **everywhere**—あらゆる所で

(20)　娘：冷蔵庫にバターはあるかしら？

父親：少しね。どれくらい必要なの？

娘：100グラムくらいよ。

1　どれくらい必要なの？
2　どんな種類が好きなの？
3　どれくらい時間がかかるの？
4　何時に始めたの？

✓　冷蔵庫にバターがあるかと聞かれた父親が，A little.（少しね。）と答え，少女がAbout 100 grams.（100グラムくらいよ。）と答えている流れから，必要なバターの量を聞いている **1** が適切。

📖 WORDS&PHRASES

□ **fridge**—冷蔵庫　　□ **a little**—少し　　□ **take**—（時間）がかかる

本文の意味

シャークスのパレード

スプリングフィールドの女子サッカーチーム，スプリングフィールド・シティ・シャークスが，先週全国大会の決勝戦で勝ちました。祝福するために，6月12日にパレードがあります。シャークスのTシャツを着て，大好きな選手たちに会いに来てください！

時：　　6月12日午後2時から4時まで
場所：　スプリングフィールド競技場の中で始まって，㉑スプリングフィールド博物館の前の庭で終わります。

㉒選手たちはパレードの間，何百枚もの青と白のシャークスのタオルをファンに渡します。運がよければ，1枚もらうことができますよ！　また，コーチと何人かの選手たちのスピーチがあります。

(21)　パレードはどこで終わりますか。
　　1　博物館の前です。
　　2　競技場の中です。
　　3　スポーツ用品店のそばです。
　　4　スプリングフィールド市役所です。

- -

　　▨　下線部㉑に end in the gardens in front of Springfield Museum（スプリングフィールド博物館の前の庭で終わります）とあるので，1が適切。

(22)　一部の人々はパレードで何を受け取ることができますか。
　　1　サッカーボールです。
　　2　サッカーの試合のチケットです。
　　3　シャークスのタオルです。
　　4　青と白のTシャツです。

- -

　　▨　下線部㉒に，The players will give hundreds of blue and white Sharks towels to fans during the parade. If you're lucky, you'll be able to get one!（選手たちはパレードの間，何百枚もの青と白のシャークスのタオルをファンに渡します。運がよければ，1枚もらうことができますよ！）とあるので，3が適切。

□ **parade** ─ パレード　　□ **won** ─ win(〜に勝つ)の過去形　　□ **final** ─ 決勝
□ **celebrate** ─ 祝福する　　□ **put on 〜** ─ 〜を身につける　　□ **inside** ─ 〜の中で
□ **in front of 〜** ─ 〜の前に　　□ **hundreds of 〜** ─ 何百もの〜　　□ **towel** ─ タオル
□ **during** ─ 〜の間　　□ **be able to 〜** ─ 〜することができる　　□ **beside** ─ 〜のそばに
□ **receive** ─ 〜を受け取る

3B

(問題　p.082 〜 083)

本文の意味

送信者：ジーナ・マシューズ
宛先：カラ・ジョンソン
日付：1月12日
件名：スキー旅行

....

こんにちは　カラ！
㉓あなたは今日の午後，学校のスキー旅行についてのミーティングに行った？　私はそのことを忘れていて明日の社会のテストの勉強をしに図書館へ行ったのよ。モリソン先生はミーティングで何か重要なことを言ったの？　私は今年のスキー旅行をとても楽しみにしているわ。去年は具合が悪かったから行けなかったのよ。
ありがとう，
ジーナ

送信者：カラ・ジョンソン
宛先：ジーナ・マシューズ
日付：1月12日
件名：ミーティング

....

こんにちは　ジーナ，
ミーティングに出席しそこなったことは心配しないで。とても短かったわ。モリソン先生が最初に話したことはバスのスケジュールよ。一つ小さい変更がされたわ。㉔それは金曜日の午後3時30分ではなくて，4時に学校から出発するの。私たちは午後7時ごろにホテルに到着する予定よ。日曜日の戻ってくる時刻は変わっていないわ。私たちは5時30分に学校へ戻ってくる予定よ。また，1月17日までにモリソン先生に旅費を渡す必要があるわ。この旅行はとても楽しくなるわね。バスでは一緒に座りましょう！

また明日,

カラ

送信者：ジーナ・マシューズ
宛先：カラ・ジョンソン
日付：1月12日
件名：ありがとう！

··

こんにちは　カラ,

ミーティングについての情報をありがとう。私はこの前の月曜日に旅費を払ったの。また，いい知らせがあるわよ。お父さんが旅行前に新しいスキージャケットを買ってくれるって！　私は明日放課後にそれを選ぶつもりよ。㉕私はあなたのピンクのジャケットがとても好きだから，同じ色を買いたいな。そしてそう，バスでは一緒に座りましょう。私は冗談の本を持っていくから，途中で一緒に読みましょう。

またありがとう,

ジーナ

㉓　今日ジーナに何が起こりましたか。
1　彼女はテストを受けなければなりませんでした。
2　彼女はミーティングについて忘れました。
3　彼女は図書館で具合が悪くなりました。
4　彼女は旅行のお金をなくしました。

🔹　下線部㉓に注目。Did you go to the meeting about the school ski trip this afternoon? I forgot about it（あなたは今日の午後，学校のスキー旅行についてのミーティングに行った？　私はそのことを忘れていて）とあるので，2が適切。

㉔　バスは金曜日の何時に学校を出発しますか。
1　3時30分にです。　　　　　　　2　4時にです。
3　5時30分にです。　　　　　　　4　7時にです。

🔹　下線部㉔に注目。It'll（＝The bus will）now leave from our school at four o'clock（それは4時に学校から出発するの）とあるので，2が適切。

㉕　ジーナは…たいです。
1　ピンクのスキージャケットを買い
2　新しいスキー板を買い

3 カラの冗談の本を借り

4 月曜日に旅行の代金を払い

✓ 下線部㉕に注目。I really like your pink jacket, so I want to get the same color.（私はあなたのピンクのジャケットがとても好きだから，同じ色を買いたいな。）とあることから，1 が適切。

3C

（問題　p.084 ～ 085）

本文の意味

ブルーノーズ

　世界中で，多くの人々が夏にボートに乗ることが大好きです。多くの様々な種類のボートがあります。例えば，帆船は水上を移動するのに風力を使い，そしてそれらはとても人気があります。㉚歴史上最も有名な帆船の一つはブルーノーズと呼ばれました。㉖最初のブルーノーズはカナダのノバスコシア州で 1921 年に建造されました。それは釣りとレースの両方に使われました。1921 年 10 月に，ブルーノーズは有名なボートレースに参加して優勝しました。そのときから，ブルーノーズはよく知られるようになりました。それはまた 1922 年と 1923 年の同じレースに勝ちました。㉗1920 年代の間，それは北大西洋で最も速い帆船だったので，人々はそれを「北大西洋の女王」と呼びました。

　ブルーノーズは風力を使いましたが，それはエンジン付きのより新しいボートほどは速くありませんでした。力強くて使いやすかったので，人々はエンジン付きのボートを好みました。㉘これらのボートが 1930 年代にとても人気となったので，ブルーノーズの船長と所有者は 1942 年にそれを売りました。

　悲しいことに，売られたあとで，ブルーノーズは海のサンゴ礁に当たって沈没しました。しかしながら，多くのカナダ人がまだそれを覚えていました。彼らはブルーノーズについての話が大好きだったので，1963 年にある会社が新しいブルーノーズを建造することを決めました。㉙1971 年にそれはノバスコシア州の人々に与えられて，今日人々は今なおそれを見て乗ることができます。カナダの硬貨にはブルーノーズの絵さえあります。ブルーノーズは決して忘れられることはないでしょう。

(26) 最初のブルーノーズは…に作られました。
1 1920年　　2 1921年　　3 1922年　　4 1923年

> 下線部㉖に The first Bluenose was built in 1921 in Nova Scotia, Canada.（最初のブルーノーズはカナダのノバスコシア州で1921年に建造されました。）とあるので，2が適切。

(27) なぜブルーノーズは「北大西洋の女王」と呼ばれたのですか。
1 それは女王に与えられました。
2 それは多くの魚を捕まえるために使われました。
3 それはとてもきれいでした。
4 それはとても速かったのです。

> 下線部㉗に…, it was the fastest sailboat in the North Atlantic Ocean, so people called it the "Queen of the North Atlantic."（…，それは北大西洋で最も速い帆船だったので，人々はそれを「北大西洋の女王」と呼びました。）とあるので，4が適切。

(28) なぜ最初のブルーノーズは1942年に売られたのですか。
1 ボートの所有者が病気になりました。
2 それはサンゴ礁に当たって修理される必要がありました。
3 新しいブルーノーズが建造されました。
4 エンジン付きのより新しいボートが人気となりました。

> 下線部㉘に These boats（= newer boats with engines）became very popular in the 1930s, so the captain and owner of the Bluenose sold it in 1942.（これらのボートが1930年代にとても人気となったので，ブルーノーズの船長と所有者は1942年にそれを売りました。）とあるので，4が適切。

(29) 1971年に何が起こりましたか。
1 最初のブルーノーズの絵が有名な画家によってえがかれました。
2 ノバスコシア州の歴史について映画が作られました。
3 新しいブルーノーズがノバスコシア州の人々に与えられました。
4 特別な硬貨が最初のブルーノーズの船長に与えられました。

> 下線部㉙に It（= A new Bluenose）was given to the people of Nova Scotia in 1971（1971年にそれはノバスコシア州の人々に与えられ）とあるので，3が適切。

(30) この話は何に関するものですか。
1 世界中からの帆船。　　　　　　2 帆船のレース。

3 有名なカナダの帆船。　　　4 帆船を造る会社。

✏️ 本文全体を通して，下線部㉚の One of the most famous sailboats in history（歴史上最も有名な帆船の一つ）である Bluenose（ブルーノーズ）というカナダの帆船について述べているので，**3**が適切。

📖 **WORDS&PHRASES**

□ **around** — ～中　　□ **for example** — 例えば　　□ **sailboat** — 帆船　　□ **over** — ～の上に
□ **built** — **build**（～を建造する）の過去分詞　　□ **both A and B** — A と B の両方
□ **take part in** ～ — ～に参加する　　□ **win first prize** — 優勝する　　□ **known** — 知られた
□ **queen** — 女王　　□ **North Atlantic** — 北大西洋　　□ **not as** ～ **as** … — …ほど～ではない
□ **powerful** — 力強い　　□ **captain** — 船長　　□ **owner** — 所有者
□ **sadly** — 悲しいことに　　□ **sold** — **sell**（～を売る）の過去分詞
□ **sank** — **sink**（沈む）の過去形　　□ **however** — しかしながら　　□ **still** — まだ
□ **decide to** ～ — ～することを決める　　□ **given** — **give**（～を与える）の過去分詞
□ **even** — ～さえ　　□ **never** — 決して～ない
□ **forgotten** — **forget**（～を忘れる）の過去分詞

ライティング

4
（問題 p.086）

質 問 の 意 味

あなたは家族のために料理をすることが好きですか。

解 答 例 1

Yes, I like cooking for my family. First, I like to help my mother when she is very busy. Second, my family loves to eat my curry. I make it every Saturday.

（32 語）

解答例1の意味

はい。私は家族のために料理をすることが好きです。まず，私は母がとても忙しいときに彼女を手伝うことが好きです。2番目に，私の家族は私のカレーを食べるのが大好きです。私は毎週土曜日にそれを作ります。

🔖 Do you like ～ing? という質問に対しては，まずYesかNoで答える。次に，First, ～. でその理由を述べ，Second, ～. で2つ目の理由を付け加える。

解 答 例 2

No, I don't like cooking for my family. It is because I'm not good at making Japanese food which my family likes very much. Also, my sister cooks much better than I.

（32 語）

解答例2の意味

いいえ。私は家族のために料理をすることが好きではありません。それは，私の家族が大好きな日本食を作るのが得意ではないからです。また，私の姉[妹]は私よりもはるかに料理が上手だからです。

🔖 Do you like ～ing? という質問に対しては，まずYesかNoで答える。2文目以降で理由を述べる際は，becauseを用いることができる。また，Alsoを用いてもう1つの理由を付け加えるとよい。be good at ～ingで「～するのが得意だ」の意味を表す。最終文のmuchは「はるかに」の意味で，比較級を強調する。

リスニングテスト第1部 （問題 p.087 〜 088）

〈例題〉

A: I'm hungry, Annie.
B: Me, too. Let's make something.
A: How about pancakes?
  1 On the weekend.
  2 For my friends.
  3 **That's a good idea.**

「おなかがすいたよ，アニー。」
「私も。何か作りましょう。」
「パンケーキはどう？」
  1 「週末に。」
  2 「私の友達のためよ。」
  3 「それはいい考えね。」

No.1

A: Where are the ninth-grade students today?
B: They're on a school trip.
A: Oh. Where did they go?
  1 **On a hike in the mountains.**
  2 In their classroom.
  3 At yesterday's meeting.

「9年生（日本でいう中学3年生）は今日どこにいるのかしら？」
「彼らは修学旅行中だよ。」
「へえ。どこへ行ったの？」
  1 「山へハイキングにだよ。」
  2 「彼らの教室でだよ。」
  3 「昨日のミーティングでだよ。」

No.2

A: Excuse me, ma'am.
B: Yes?
A: Cell phones can't be used in this area.
  1 **I'm sorry. I'll go outside.**
  2 About 10 minutes ago.
  3 All right. It's for you.

「すみません。」
「はい？」
「この区域では携帯電話は使用できません。」
  1 「ごめんなさい。外に出ます。」
  2 「約10分前です。」
  3 「いいですよ。それはあなたにです。」

No.3

A: Did you watch the baseball game last night?
B: Of course.
A: I heard the Tigers won.
  1 **Yes, it was a great game.**
  2 Yes, on TV.
  3 Yes, I will next time.

「昨夜野球の試合を見たかい？」
「もちろん。」
「タイガースが勝ったと聞いたけど。」
  1 「ええ，すばらしい試合だったわ。」
  2 「ええ，テレビでね。」
  3 「ええ，次回やるわ。」

No.4

A: Which train goes to South Bay? 「どの電車がサウス・ベイへ行きますか。」
B: The Green Line does, ma'am. 「グリーン線です，お客様。」
A: How long does it take? 「どのくらい時間がかかりますか。」
  1 I have two cars now. 　1「私は今2台の車を持っています。」
  2 **About half an hour.** 　2「**約30分です。**」
  3 That's not how to do it. 　3「あれはそのやり方ではありません。」

📝 How long ～?（どれくらい～ですか。）は，時間や期間の長さをたずねるときの表現。時間を答えている2が適切。

No.5

A: I didn't win my tennis match. 「テニスの試合で勝たなかったわ。」
B: That's too bad, Pam. 「それは残念だね，パム。」
A: I practiced really hard. 「とても一生懸命練習したのよ。」
  1 I'll go later. 　1「私はあとで行くよ。」
  2 **You'll do better next time.** 　2「**次回はもっとうまくいくよ。**」
  3 Don't forget your racket. 　3「ラケットを忘れないで。」

No.6

A: Are you ready to go to the beach, Mom? 「浜辺へ行く準備はできた，お母さん？」
B: Yes. Let's go. 「ええ。行きましょう。」
A: Is Dad coming, too? 「お父さんも来るの？」
  1 **No, he's too busy today.** 　1「**いいえ，彼は今日とても忙しいの。**」
  2 No, I can't swim. 　2「いいえ，私は泳げないの。」
  3 No, I'll show him tonight. 　3「いいえ，私は今夜彼に見せるわ。」

No.7

A: Did Mom make these cupcakes? 「お母さんがこれらのカップケーキを作ったの？」
B: No, I did. 「いいえ，私よ。」
A: They look really good. 「とてもおいしそうだね。」
  1 Let's ask her. 　1「彼女に聞きましょう。」
  2 Do it again. 　2「もう一度それをやって。」
  3 **You can try one.** 　3「**1つ食べていいわよ。**」

No.8

A: When do I have to go to the dentist?

B: Today at four.

A: Today? Really?

  1 Yes, don't be late.

  2 No, she's a doctor.

  3 OK, you can eat some.

「いつぼくは歯医者へ行かなくてはならないの？」	
「今日の４時よ。」	
「今日？　本当に？」	
1 「ええ，遅れないでね。」	
2 「いいえ，彼女は医師よ。」	
3 「わかったわ，いくらか食べていいわ。」	

No.9

A: Where's Bobby?

B: He went to see the school nurse.

A: What happened?

  1 I like helping people.

  2 He has a bad headache.

  3 It's the new student's first day.

「ボビーはどこにいるの？」

「保健室の先生に会いに行ったよ。」

「何があったの？」

  1 「ぼくは人を助けることが好きだよ。」

  2 「彼は頭がすごく痛いんだよ。」

  3 「新入生の初日だよ。」

No.10

A: Will you play softball again next year?

B: No, I think I'll join a different club.

A: Which one?

  1 I'm the captain.

  2 It's my favorite bat.

  3 I haven't decided yet.

「来年またソフトボールをするの？」

「いいえ，違う部に入ろうと思うわ。」

「どの部？」

  1 「私は部長よ。」

  2 「それは私のお気に入りのバットよ。」

  3 「まだ決めていないわ。」

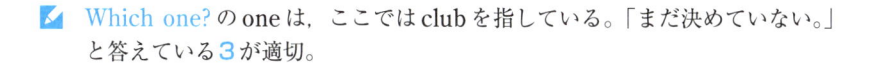 Which one? の one は，ここでは club を指している。「まだ決めていない。」と答えている**3**が適切。

リスニングテスト第2部

（問題 p.089～090）

No.11

A: Arthur, is your sister still a nurse?

B: No. She was a nurse until last year, but now she's a college student.

A: Oh, really?

B: Yes. She wants to become a doctor.

Question **What does Arthur's sister do?**

- -

A: アーサー，あなたのお姉[妹]さんは今も看護師なの？

B: いや。彼女は昨年まで看護師だったけど，今は大学生だよ。

A: え，本当に？

B: うん。彼女は医師になりたいんだ。

質問 **アーサーの姉[妹]は何をしていますか。**

1　彼女は看護師です。　　　　2　彼女は医師です。

3　彼女は理科の先生です。　　**4　彼女は大学生です。**

- -

✓　アーサーの姉[妹]の職業，身分をたずねている。B（アーサー）が now she's a college student（今は彼女は大学生だよ）と言っていることから，**4** が適切。**1** の「看護師」は昨年までの職業，**2** の「医師」はなりたい職業。

📖 WORDS & PHRASES

□ **still** — 今もなお　　□ **nurse** — 看護師　　□ **until** — ～まで

No.12

A: Have you been to India?

B: No. How about you?

A: I haven't either, but my dad has.

B: Wow. I hope I can visit there someday.

Question **Who has been to India?**

- -

A: あなたはインドへ行ったことがあるの？

B: いや。きみは？

A: 私もないんだけど，お父さんがあるわ。

B: わあ。いつかぼくはそこを訪れられるといいな。

質問 **だれがインドに行ったことがありますか。**

1　少年です。　　　　　　　2　少女です。

3　少年の父親です。　　　　**4　少女の父親です。**

- -

インドに行ったことがある人をたずねている。A（少女）がI haven't either, but my dad has.（私もないんだけど，お父さんがあるわ。）と言っていることから，**4**が適切。**1**の「少年」も**2**の「少女」もないと言っている。

📖 **WORDS&PHRASES**

□ **have been to ～** ― ～へ行ったことがある　　□ **not ～ either** ― ～もない

No.13

🔈

A: Kathy, does our meeting start at two?

B: No, at three.　Why?

A: I'm having lunch with a friend at one.

B: No problem.　We can get ready when you come back.

Question　**When will the man have lunch?**

A: キャシー，会議は2時に始まるの？

B: いいえ，3時よ。どうして？

A: 1時に友人と昼食を食べるんだ。

B: 問題ないわ。あなたが戻ってきたときに準備できるわ。

質問　**いつ男性は昼食を食べるつもりですか。**

1　1時にです。　　　　　　　　2　2時にです。

3　3時にです。　　　　　　　　4　4時にです。

男性が昼食を食べる時をたずねている。A（男性）がI'm having lunch with a friend at one.（1時に友人と昼食を食べるんだ。）と言っていることから，**1**が適切。**2**の「2時」は最初に男性が女性に確認した会議の始まる時刻，**3**の「3時」は会議が始まる時刻。

📖 **WORDS&PHRASES**

□ **No problem.** ― 問題ありません。　　□ **get ready** ― 準備をする

No.14

🔈

A: Ken, can you go to the store for me?　I need some carrots.

B: Sure, Mom.　What are you making for dinner?

A: Beef and vegetable stew.

B: Sounds good.

Question　**What does Ken's mother ask him to do?**

A: ケン，私の代わりにお店に行ってくれない？　にんじんが必要なの。

B: いいよ，お母さん。夕食に何を作るの？

A: 牛肉と野菜のシチューよ。

B: おいしそうだね。

質問 ケンの母親は彼に何をするように頼んでいますか。

1 夕食を作る。　　　　　　　　　　2 肉を買う。

3 にんじんを買う。　　　　　　　　4 野菜を洗う。

 ケンの母親がケンに頼んでいることをたずねている。最初にA（ケンの母親）がKen, can you go to the store for me? I need some carrots.（ケン，私の代わりにお店に行ってくれない？　にんじんが必要なの。）と言っていることから，**3**が適切。

■ WORDS&PHRASES

□ **carrot** — にんじん　　□ **ask 〜 to …** — 〜に…するように頼む

No.15

A: Is that a picture of a tiger on your T-shirt, Pam?

B: Yes, I designed it myself.

A: Wow. I love your skirt, too.

B: Thanks. I bought it last Saturday.

Question **What are they talking about?**

A: きみのTシャツのそれはトラの絵かい，パム？

B: ええ，自分でデザインしたのよ。

A: すごい。きみのスカートもいいね。

B: ありがとう。この前の土曜日に買ったのよ。

質問 彼らは何について話していますか。

1 パムのお気に入りの店です。　　2 パムのお気に入りの動物です。

3 パムの服です。　　　　　　　　4 パムの週末の予定です。

 2人が何を話しているかをたずねている。Aがyour T-shirt（きみのTシャツ），your skirt（きみのスカート）のことについて話し，B（パム）がそれらについて答えていることから，**3**が適切。

■ WORDS&PHRASES

□ **design** — 〜をデザインする　　□ **oneself** — 自分で

No.16

A: There will be a fashion show in town next month.

B: Yeah. We should get tickets.

A: OK, I'll do that today. I can buy them on the Internet.

B: Great.

Question **What is the woman going to do today?**

A: 来月，町でファッションショーがあるわよ。

B: うん。チケットを取らないとね。

A: わかった，今日それをやるわ。インターネットで買えるわ。

B: すごいね。

質問 **女性は今日何をする予定ですか。**

1 コンピューターを買う。　　　　2 チケットを買う。

3 ファッションショーに行く。　　4 町役場に行く。

✓ 女性が今日することをたずねている。We should get tickets.（チケットを取らないとね。）と B（男性）に言われた A（女性）が OK, I'll do that today.（わかった，今日それをやるわ。）と言っていることから，**2** が適切。

📖 WORDS&PHRASES

□ **should**──〜すべきだ　　□ **on the Internet**──インターネットで

No.17

A: Will you take the bus to the beach?

B: No. I was planning to walk.

A: Why don't we ride our bikes?

B: Good idea.

Question **How will they get to the beach?**

A: 浜辺までバスに乗るつもりなの？

B: いえ。歩く予定よ。

A: 自転車に乗らない？

B: いい考えね。

質問 **彼らはどうやって浜辺まで行くつもりですか。**

1 バスです。　　　　　　　　　2 車です。

3 自転車でです。　　　　　　　4 徒歩でです。

✓ 2人が浜辺まで行く手段をたずねている。A（男性）の Why don't we ride our bikes?（自転車に乗らない？）という提案に対して，B（女性）が Good idea.（いい考えね。）と応じていることから，**3** が適切。1 の「バス」は A が最初に確認した手段，4 の「徒歩」は B が取ろうとしていた手段。

📖 WORDS&PHRASES

□ **plan to 〜**──〜するつもりだ　　□ **by**──〜で　　□ **on foot**──徒歩で

No.18

A: Hello?

B: Hi, Dad. Can you come and pick me up?

A: Sure. Are you at school?

B: No, I'm at my friend Kenta's house.

A: OK. I'll be there soon.

> Question **Where is the girl calling from?**

A: もしもし？

B: もしもし，お父さん。車で迎えに来てくれない？

A: いいよ。学校にいるの？

B: いいえ，友人のケンタの家にいるの。

A: わかった。すぐにそこへ行くよ。

> 質問 **少女はどこから電話をかけていますか。**

1　彼女の学校です。

2　彼女の家です。

3　彼女の父親の事務所です。

4　**彼女の友人の家です。**

 少女が電話をかけている場所をたずねている。B（少女）がI'm at my friend Kenta's house（友人のケンタの家にいるの）と言っていることから，**4**が適切。

📖 WORDS&PHRASES

□ **pick ～ up**──～を車で迎えに行く　　□ **soon**──すぐに

No.19

A: Excuse me. I bought this shirt here last month, and I'd like to buy another one.

B: Would you like the same color?

A: No. This time, I'd like a blue one.

B: OK.

> Question **What does the man want to do?**

A: すみません。先月ここでこのシャツを買ったのですが，もう1枚ほしいのです。

B: 同じ色をご希望ですか。

A: いいえ。今度は，青いのがほしいです。

B: かしこまりました。

> 質問 **男性は何をしたいのですか。**

1 青いシャツを買う。　　　　　2 彼のシャツを交換する。

3 お金を返してもらう。　　　　4 別の店を見つける。

📘 男性がしたいことをたずねている。A (男性) が，I'd like to buy another one (= shirt) (もう 1 枚ほしいのです)，This time, I'd like a blue one (= shirt). (今度は，青いのがほしいです。) と言っていることから，1 が適切。

No.20

🔊

A: Let's study at the library tomorrow.

B: Sorry, I can't.

A: Do you have rugby practice?

B: Yeah. We need to get ready for our big game next weekend.

　Question　**Why can't the boy go to the library tomorrow?**

A: 明日図書館で勉強しましょう。

B: ごめんよ，できないんだ。

A: ラグビーの練習があるの？

B: うん。ぼくたちは来週末の大きな試合の準備をする必要があるんだ。

　質問　なぜ少年は明日図書館へ行けないのですか。

1 彼はラグビーの練習に行かなくてはなりません。

2 彼はラグビーの試合を見るつもりです。

3 彼は家で勉強しなければなりません。

4 彼は休暇の準備をするつもりです。

📘 少年が明日図書館へ行けない理由をたずねている。Do you have rugby practice? (ラグビーの練習があるの？) と聞かれた B (少年) が，Yeah. と答えていることから，1 が適切。

リスニングテスト第3部 （問題　p.091〜092）

No.21

Amy works at a restaurant. She brings the people their food, and she cleans the restaurant, too. It's hard work, but she really likes her job because she can meet a lot of people.

Question　**Why does Amy enjoy working at the restaurant?**

エイミーはレストランで働いています。彼女は食べ物を人々に持ってきて，レストランの掃除もします。それは大変な仕事ですが，多くの人々に会うことができるので，彼女は自分の職業がとても好きです。

質問 **なぜエイミーはレストランで働くことを楽しんでいるのですか。**
1 彼女は料理することが好きです。
2 彼女は一生懸命働くことが好きです。
3 彼女は多くの食べ物を食べることができます。
4 彼女は多くの人々に会うことができます。

最後に she really likes her job because she can meet a lot of people（多くの人々に会うことができるので，彼女は自分の職業がとても好きです）と言っていることから，4が適切。

WORDS&PHRASES
□ **hard** — 大変な　□ **job** — 職業，仕事　□ **enjoy 〜ing** — 〜することを楽しむ

No.22

Last Saturday, Henry and Janet found a cat in the park. They took it home. Their friend Mark came to look at it. He said that it looked like Lisa's cat. Mark called Lisa. It was her cat.

Question　**Whose cat was it?**

この前の土曜日，ヘンリーとジャネットは公園でねこを見つけました。彼らはそれを家まで連れていきました。彼らの友人のマークがそれを見に来ました。彼はそれがリサのねこに似ていると言いました。マークはリサに電話しました。それは彼女のねこでした。

質問 **それはだれのねこでしたか。**
1 ヘンリーのです。　　　　　　2 マークのです。
3 ジャネットのです。　　　　　4 リサのです。

最後に Mark called Lisa. It was her cat.（マークはリサに電話しました。そ

れは彼女のねこでした。）と言っていることから，**4**が適切。

📖 WORDS&PHRASES

□ **took**—**take**(〜を連れていく)の過去形　　□ **look like**—〜に似ている

No.23

This afternoon, I bought a new CD. I took it to my friend's house, and we listened to it together. On the way home, I left it on the train. I'm really sad.

Question　**What is the girl's problem?**

今日の午後，私は新しい CD を買いました。私はそれを友人の家に持っていって，私たちは一緒に聞きました。家に帰る途中で，私はそれを電車に置き忘れました。私はとても悲しいです。

質問　**少女の問題は何ですか。**

1　彼女は間違った CD を買いました。
2　彼女は電車に CD を置き忘れました。
3　彼女の友人が家にいませんでした。
4　彼女の部屋はきれいではありません。

✒ 最後に On the way home, I left it (＝ my CD) on the train. I'm really sad.（家に帰る途中で，私はそれを電車に置き忘れました。私はとても悲しいです。）と話していることから，**2**が適切。

📖 WORDS&PHRASES

□ **left**—**leave**(〜を置き忘れる)の過去形　　□ **sad**—悲しい　　□ **wrong**—間違った

No.24

Next week, Satoko is going to Sydney for work. She'll have meetings on Tuesday and Wednesday. She's free on Thursday, so she'll go sightseeing on that day. She'll come back to Japan on Friday.

Question　**When will Satoko go sightseeing?**

来週，サトコは仕事でシドニーに行く予定です。彼女は火曜日と水曜日に会議があります。彼女は木曜日は暇なので，その日に観光に行く予定です。彼女は金曜日に日本へ戻ってきます。

質問　**いつサトコは観光に行きますか。**

1　火曜日にです。　　　　　　　　2　水曜日にです。
3　木曜日にです。　　　　　　　　4　金曜日にです。

✒ She's free on Thursday, so she'll go sightseeing on that day.（彼女は木曜日は暇なので，その日に観光に行く予定です。）と言っていることから，**3**が

適切。1の「火曜日」と2の「水曜日」は会議がある日。4の「金曜日」は日本へ戻ってくる日。

No.25

I'm going to stay at my friend's house tonight. My dad told me to clean my room before I go. I'll have to do it quickly.

Question　**What should the girl do before she leaves?**

私は今夜友人の家に泊まる予定です。父は私に，行く前に自分の部屋を掃除するように言いました。私は急いでそれをしなければなりません。

質問 **少女は出発する前に何をするべきですか。**

1　走りに行く。　　　　　　　　2　父親に電話をする。
3　友人に手紙を書く。　　　　　**4　自分の部屋を掃除する。**

My dad told me to clean my room before I go. I'll have to do it quickly.（父は私に行く前に自分の部屋を掃除するように言いました。私は急いでそれをしなければなりません。）と話しているので，4が適切。

No.26

Good morning, everyone. At 12:30 today, the girls' basketball team will play a game against the teachers in the gym. You can go and watch, but don't be late for math class at 1:15.

Question　**Where is the man talking?**

おはようございます，皆さん。今日 12 時 30 分に，体育館で女子のバスケットボールチームが先生たちを相手に試合をします。見に行ってもいいですが，1 時 15 分の数学の授業には遅れないように。

質問 **男性はどこで話していますか。**

1　学校でです。　　　　　　　　2　競技場でです。
3　スポーツ用品店でです。　　　4　レストランでです。

teachers（先生たち），in the gym（体育館で），math class（数学の授業）などの語句が出てくることから，1が適切。

No.27

I usually relax at home on Saturdays and Sundays, but this weekend I'll be busy. On Saturday, my friend and I are going hiking, and on Sunday I'm going to take a dance lesson.

Question **What is the girl talking about?**

私はたいてい土曜日と日曜日に家でくつろぎますが，今週末は忙しいです。土曜日に，友人と私はハイキングに行って，日曜日に私はダンスのレッスンを受けます。

質問 **少女は何について話していますか。**

1 彼女の新しいハイキングブーツです。
2 彼女の大好きな曜日です。
3 彼女の週末の予定です。
4 彼女の友人のダンスクラブです。

📝 this weekend I'll be busy（今週末は忙しいです）と言って，そのあとに，On Saturday, …, and on Sunday ….（土曜日に，…て，日曜日に…。）と週末の予定について話しているので，3が適切。

📖 WORDS&PHRASES
□ **usually** ― たいてい　□ **relax** ― くつろぐ　□ **go hiking** ― ハイキングに行く

No.28

Brenda lives by herself. She usually eats alone, but today she's going to have lunch at her brother's house. She's really looking forward to it.

Question **What is Brenda looking forward to?**

ブレンダは一人で住んでいます。彼女はたいてい一人で食べますが，今日彼女は兄[弟]の家で昼食を食べる予定です。彼女はそれをとても楽しみにしています。

質問 **ブレンダは何を楽しみにしていますか。**

1 新しい家を買うこと。
2 兄[弟]と昼食を食べること。
3 お気に入りのレストランで食べること。
4 一人で住むこと。

📝 today she's going to have lunch at her brother's house. She's really looking forward to it.（今日彼女は兄[弟]の家で昼食を食べる予定です。彼女はそれをとても楽しみにしています。）と言っていることから，2が適切。

📖 WORDS&PHRASES
□ **by oneself** ― 一人で　□ **alone** ― 一人で　□ **look forward to ～** ― ～を楽しみにする

No.29

I have two pets. I have a rabbit named Chester and a dog named Spot. Chester is three years old, and Spot is six months old. They're both really cute.

Question **How old is the woman's rabbit?**

私は2匹のペットを飼っています。チェスターという名のうさぎと，スポットという名の犬を飼っています。チェスターは3歳で，スポットは生後6か月です。それらは両方ともとてもかわいいです。

質問 **女性のうさぎは何歳ですか。**

1　生後2か月です。　　　　　　　2　生後6か月です

3　2歳です。　　　　　　　　　　4　3歳です。

 I have a rabbit named Chester（チェスターという名のうさぎを飼っています），Chester is three years old（チェスターは3歳です）と言っていることから，4が適切。

📖 **WORDS&PHRASES**

□ **〜 month(s) old**—生後〜か月　　□ **both**—両方

No.30

My favorite Spanish restaurant closed last month. I already miss it. It opened ten years ago, and I went there almost every week.

Question **What happened last month?**

私のお気に入りのスペイン料理レストランが先月閉店しました。私はもうそれがなくて寂しいです。それは10年前に開店して，私はほとんど毎週そこへ行きました。

質問 **先月何が起こりましたか。**

1　レストランが閉店しました。

2　新しい店が開店しました。

3　男性が料理の授業を受けました。

4　男性がスペインに行きました。

📝 最初に My favorite Spanish restaurant closed last month.（私のお気に入りのスペイン料理レストランが先月閉店しました。）と言っていることから，1が適切。

📖 **WORDS&PHRASES**

□ **already**—すでに，もう　　□ **miss**—〜がなくて寂しく思う　　□ **almost**—ほとんど

英検 **3** 級

合格力チェックテスト　解答と解説

一次試験・筆記 [p.094 − p.102]

1　(1) 1　(2) 3　(3) 4　(4) 1　(5) 2　(6) 4　(7) 3　(8) 4
　　(9) 2　(10) 1　(11) 3　(12) 4　(13) 3　(14) 2　(15) 2

2　(16) 3　(17) 2　(18) 4　(19) 4　(20) 4

3A　(21) 2　(22) 3

3B　(23) 4　(24) 3　(25) 3

3C　(26) 4　(27) 1　(28) 3　(29) 2　(30) 4

4　（解答例）
I want to visit Ise Jingu in Mie. Ise Jingu is a very famous shrine in Japan. Also, I want to eat big Ise lobsters and delicious Matsusaka beef.

一次試験・リスニング [p.103 − p.108]

第1部　[No.1] 1　[No.2] 2　[No.3] 2　[No.4] 1　[No.5] 3
　　[No.6] 1　[No.7] 3　[No.8] 2　[No.9] 2　[No.10] 1

第2部　[No.11] 3　[No.12] 2　[No.13] 4　[No.14] 3　[No.15] 2
　　[No.16] 3　[No.17] 2　[No.18] 3　[No.19] 4　[No.20] 4

第3部　[No.21] 3　[No.22] 4　[No.23] 3　[No.24] 2　[No.25] 3
　　[No.26] 3　[No.27] 3　[No.28] 3　[No.29] 3　[No.30] 1

合格診断チャートに得点を記入しよう!

「合格力チェックテスト」が終わったら, マークシートに記入した大問別の得点の合計を, 下の合格診断チャートに中心から目もりを数えて記入し, 線で結びます。できあがった三角形のバランスを見て, 得点が低かった分野については, 次ページの「分野別弱点克服の方法」で自分の苦手分野を知り, 弱点克服への手助けにしましょう。

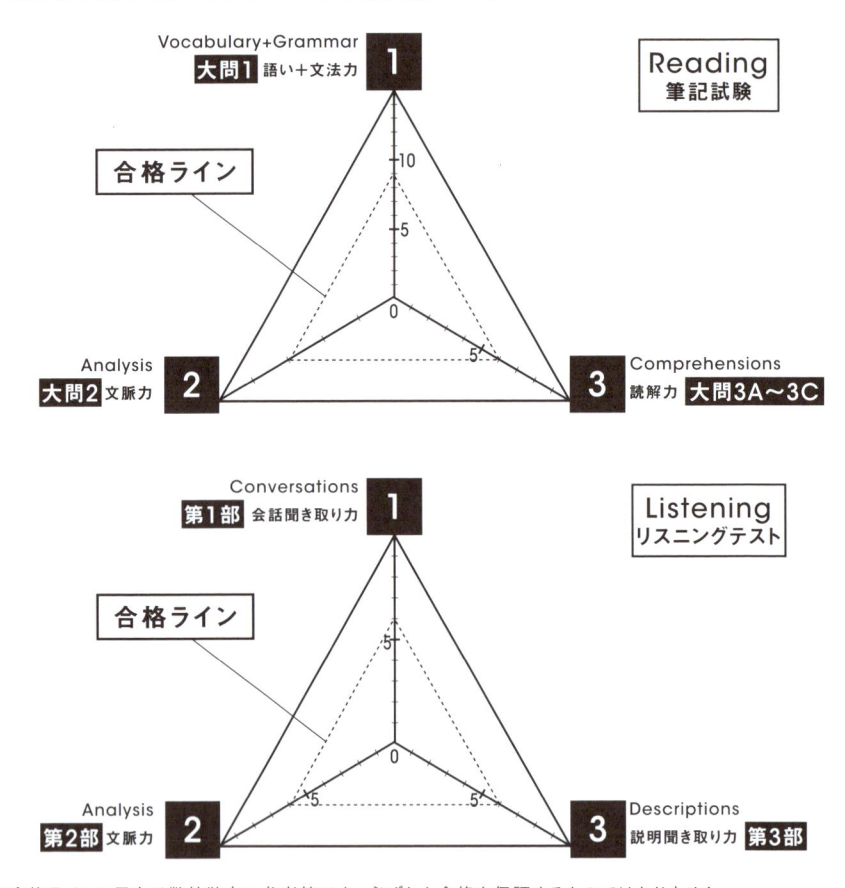

※合格ラインの目安は弊社独自の参考値です。必ずしも合格を保証するものではありません。

別冊p.8「ライティングテストってどんな問題?」を参考にして, 以下の項目ができたかをチェックしよう!

Writing ライティング	☐ 自分の考えとその理由を2つ入れられた
	☐ 自分の考えのあとに理由をFirst, (1つ目は), Second, (2つ目は) などの表現を使って書けた
	☐ スペルミスや単語の使いまちがいをせずに書けた
	☐ 文法的に正しい英文で書けた

分野別弱点克服の方法

英検では「読む」「聞く」「話す」「書く」の4つの能力がバランスよく求められます。3級合格に必要な得点は筆記試験, リスニング試験ともに約6割。自身の弱点を把握して, 総合的な英語力アップを目指しましょう。

筆記試験

1 "語い＋文法力"が低かったあなたは…

英検合格には単語や文法の知識が必須。3級の単語帳などで, よく出る単語や表現を覚えましょう。音声を聞きながら学習すると, 暗記効率も高まります。

2 "文脈力"が低かったあなたは…

問題の場面設定と登場人物の会話に注意し, 聞かれている内容についてどのような受け答えが適切かを考えながら問題を解きましょう。過去問のいろいろな会話を読んで, 適切な応答への理解を深めてください。

3 "読解力"が低かったあなたは…

大問3A〜3Cは読解問題です。長い文にあせるかもしれませんが, 実は英検の長文問題は掲示やメール, 説明文など, 種類はそう多くありません。登場人物がいつ, どこで, 何をするかなど, 出題されやすい情報に注意しながら問題を解きましょう。

リスニングテスト

1 "会話聞き取り力"が低かったあなたは…

読めば意味のわかる会話でもリスニングになるとわからなくなるものです。単語や熟語を覚えるときは音声を聞きながら学習しましょう。単語が正しく聞き取れるようになれば, 会話のテーマが何かを聞き逃すことも少なくなります。

2 "文脈力"が低かったあなたは…

第2部では, 会話をしている状況や, 登場人物がしようとしていることを理解することが特に大事です。時間や曜日, 場所などを問う問題が多く出題されるので, メモを取りながら, 状況を整理して問題に答えましょう。

3 "説明聞き取り力"が低かったあなたは…

第3部は会話ではなく, 短い文章の内容を問う問題です。音声を聞くときには, 1回目で大まかな内容と質問の意味をつかむようにしましょう。2回目の音声は, 質問に関わる部分に特に集中して聞くようにしましょう。

(1)　トムの性格はお兄[弟]さんのジョンの性格とは違っていますが，彼らは同じ趣味を持ち，どこへでも一緒に行きます。
　　　1 違った　　　2 難しい　　　3 とてもおいしい　　　4 危険な

　　　✎ be different from ～ で「～と違っている」という意味を表すので，1 が適切。
　　　📖 WORDS&PHRASES
　　　□ **character**—性格　　□ **everywhere**—あらゆる所に

(2)　A : 私はこのランニングシューズがとても気に入っています。もう 1 足ほしいのですが。
　　　B : 申し訳ありませんが，そちらのシューズはもうございません。
　　　1 ほかの　　　　　　　　　　　2 すべての
　　　3 もう 1 つの　　　　　　　　　4 どれも

　　　✎ 空所のあとの pair of these の前に置いて「もう 1 足のシューズ」という意味を表すので，3 が適切。other を入れる場合は，the other とすれば「もう一方の」という意味になる。
　　　📖 WORDS&PHRASES
　　　□ **I'm afraid ～ .**—申し訳ありませんが～。　　□ **anything**—何も，どれも

(3)　A : とてもすてきな自転車を持っているわね，トーマス。いつ手に入れたの？
　　　B : 先週，おじいさんがぼくの誕生日にくれたんだ。
　　　1 多くの　　　2 それぞれの　　　3 どの　　　4 とても

　　　✎ such を〈a ＋形容詞＋名詞〉の前に置くと，「非常に，とても」と強調の意味を表すことから，4 が適切。
　　　📖 WORDS&PHRASES
　　　□ **gave**—give（～を与える）の過去形

(4)　A : すみません，市立図書館を探しているのですが。行き方を教えてくださいませんか。
　　　B : ああ，私もそこへ行くところです。私についてきてください。
　　　1 ～についていく　　　　　　　2 ～に会う
　　　3 ～を招待する　　　　　　　　4 ～に見せる

　　　✎ 道をたずねられ，「私もそこへ行くところです。私についてきてください。」と言っているので，「～のあとについていく」という意味の 1 が適切。

□ **look for ～** ─ ～を探す   □ **follow** ─ ～のあとについていく

---

(5) *A*：雪が降り始めてきましたね。お帰りは十分に注意して運転してください。
B：そうします，ありがとう。
1 早く   2 注意深く   3 速く   4 明るく

- -

☑️ 「雪が降り始めた」と「運転のしかた」を関連づけて考えると，「注意深く」という意味を表す**2**が適切。**1**や**4**は drive という動詞と合わない。**3**の fast は「速く」という意味で drive と合うが，雪が降り始めたという状況には合わない。

WORDS&PHRASES

□ **on the way home** ─ 家に帰る途中で   □ **carefully** ─ 注意深く

---

(6) 私の父の職場はこのビルの中です。それは4階にあります。
1 エレベーター   2 計画   3 習慣   4 階

- -

☑️ 1文目で父親の職場を述べているので，「階」という意味を表す**4**が適切。ほかの選択肢は，職場を表すのに適さない。

WORDS&PHRASES

□ **fourth** ─ 第4の，4番目の   □ **floor** ─ 階

---

(7) *A*：英語スピーチコンテストに私たちの親を招待するのはどうでしょうか。
B：それはいい考えですね。さっそく手紙を書き始めましょう。
1 話すこと   2 ～を終わらせること   3 ～を招待すること   4 答えること

- -

☑️ 「私たちの親～すること」に合うものとして，「～を招待すること」という意味の**3**が適切。**1**の speak には，あとに with や to などの前置詞が必要。

WORDS&PHRASES

□ **How about ～ing?** ─ ～するのはどうですか。

---

(8) 私は駅に着いたときにいつも両親に電話をします。もしそうしないと，彼らは私のことを心配します。
1 ～を救う   2 待つ   3 ～を持っている   4 心配する

- -

☑️ worry about ～で「～を心配する」という意味を表す。電話をするのは，両親を心配させないためと考えられるので，**4**が適切。

WORDS&PHRASES

□ **get to ～** ─ ～に着く   □ **worry about ～** ─ ～を心配する   □ **save** ─ ～を救う

(9) メンバーたちがサッカーの選手権大会の決勝戦に勝ったとき，彼らは喜びでいっぱいでした。

1 覆われて　　　　　　　　　　　2 満たされて
3 終わらされて　　　　　　　　　4 混雑して

✓ be filled with 〜で「〜でいっぱいである」という意味を表す。優勝したので「喜びでいっぱいになる」と考えると，2が適切。

📖 WORDS&PHRASES

□ **final game**—決勝戦　　□ **tournament**—選手権大会　　□ **happiness**—幸福，喜び

(10) 私は家の近くの新しいレストランでアップルパイを1切れ食べました。それはおいしかったです。

1 切れ　　2 皿　　3 注文　　4 例

✓ 空所の前後の a 〜 of apple pie がポイント。パイなどを「1切れ」と言うときは a slice of や a piece of を使う。したがって，1が適切。

📖 WORDS&PHRASES

□ **a slice of 〜**—1切れの〜

(11) A: 英語のテストのためにどのように勉強するべきですか。
B: まず最初に，多くの英語を読むべきです。

1 いつでも　　2 あとに　　3 最初に　　4 早く

✓ 空所のあとの of all がポイント。of all の前に入れることができるのは3のFirst。

📖 WORDS&PHRASES

□ **first of all**—まず最初に，何よりも先に

(12) タカシの家は私の家の近くです。私たちは一緒に育ったので，お互いをとてもよく知っています。

1 1つ　　2 両方　　3 すべて　　4 （each other で）お互い

✓ 「一緒に育ったので〜をとてもよく知っている」という文脈に合うのは「お互い」なので，each other が適している。したがって，4が適切。

📖 WORDS&PHRASES

□ **grew**—grow（成長する）の過去形　　□ **grow up**—成長する，育つ

(13) スーザンはこの夏に日本旅行を計画しているので，英語で書かれたガイドブックを買いました。

1　～を書く　　　　　　　　　　　2　write の３人称単数現在形
3　write の過去分詞　　　　　　　4　write の ing 形

✓　a guidebook（ガイドブック）と in English（英語で）の関係から，「英語で書かれた」という意味と判断する。過去分詞の written を入れると，「英語で書かれた」が「ガイドブック」を後ろから説明する文となるので，3 が適切。

📖 WORDS&PHRASES

□ written―write（～を書く）の過去分詞

(14) A：あなたは昨日，デパートにいたでしょ？
　　 B：ええ，コートを探していたんです。

1　are not の短縮形　　　　　　　2　were not の短縮形
3　did not の短縮形　　　　　　　4　could not の短縮形

✓　「～（して）いたよね？」と前の文に続けて相手に確認するときは，前の were の否定の短縮形を使うので，2 が適切。このような文を付加疑問文という。

📖 WORDS&PHRASES

□ look for ～―～を探す

(15) 今日の日本語［国語］のテストは先週のよりずっと簡単だったので，みんなリラックスして見えました。

1　簡単な　　　　　　　　　　　　2　easy の比較級
3　easy の最上級　　　　　　　　4　同じように簡単な

✓　空所のあとに than（～より）があるので，比較級の 2 が適切。空所の前の much は「もっと，ずっと」という意味で比較級を強める役目をしている。

📖 WORDS&PHRASES

□ relaxed―リラックスした

⒃　女性 A: お誕生日おめでとう，シンディ。パーティーに招待してくれてありがとう。
　　女性 B: とんでもない。食べるものをいっぱい用意したわ。ご自由にどうぞ。
　　　　　　1　料理が上手ね。
　　　　　　2　ご親切にどうも。
　　　　　　3　ご自由にどうぞ。
　　　　　　4　おなかがいっぱいよ，ありがとう。

✓　パーティーに来た人に「食べるものをいっぱい用意したわ。」と言っているの
　　で，「ご自由にどうぞ。」という意味の3が適切。

📖 WORDS&PHRASES
　□ prepare ─ ～を準備する　　□ full ─ 満腹の，いっぱいの

⒄　男性 : ナンシーと話がしたいのですけど。今，お家にいらっしゃいますか。
　　女性 : ええ，いますよ。ちょっと待ってください。彼女を呼びますから。
　　　　　　1　彼女は今，学校にいます。
　　　　　　2　ちょっと待ってください。
　　　　　　3　彼女はたった今，出かけました。
　　　　　　4　それはどうもご親切に。

✓　「家にいらっしゃいますか」と聞かれて「はい」と答えているので，その人を
　　呼び出すために「ちょっと待ってください。」と言っている2が適切。

📖 WORDS&PHRASES
　□ Just a minute. ─ ちょっと待って。　　□ nice ─ 親切な，思いやりのある

⒅　コーチ : この前の土曜日に野球の練習に来なかったね。何かあったのかい？
　　生徒 : ああ，ちょっと気分が悪かったのですが，今は大丈夫です。
　　コーチ : それを聞いてうれしいよ。でも，今日は無理をしないで。
　　　　　　1　次の日曜日はどう？
　　　　　　2　一番好きなスポーツは何？
　　　　　　3　一生懸命に練習しなさい。
　　　　　　4　何かあったのかい？

✓　野球の練習に来なかった生徒が I felt a little sick（ちょっと気分が悪かった）
　　と答えていることから，コーチが「何かあったのかい？」と理由をたずねてい
　　る4が適切。

(19)　少年：ぼくの野球のグローブを見なかった？

　　　少女：いいえ，見てないわ。最後に持っていたのはどこ？

　　　少年：練習のあと，机のここに置いたんだ。

　　　　　　1　これがあなたのグローブよ。

　　　　　　2　あなたのを借りてもいいかしら？

　　　　　　3　これは野球のバットよ。

　　　　　　4　最後に持っていたのはどこ？

✎　野球のグローブが見つからないという少年が，「練習のあと，机のここに置い
　　たんだ。」と言っていることから，「最後に持っていたのはどこ？」とたずねて
　　いる4が適切。

(20)　生徒：これはずいぶんたくさんの宿題ですね！　それを明日までに終わらせなけれ
　　　　　ばなりませんか。

　　　先生：いいえ，金曜日まででいいですよ。

　　　　　　1　今日は金曜日ですよ。

　　　　　　2　心配しないで。私ができます。

　　　　　　3　私はここに昨日来ました。

　　　　　　4　金曜日まででいいですよ。

✎　「それ（＝宿題）を明日までに終わらせなければなりませんか。」と聞かれて，
　　No と答えているので，「金曜日まででいいですよ。」と答えている4が適切。

本文の意味

サンタ・クルーズ海浜公園

私たちの100周年記念のために，この夏，イベントを開きます。

● 歌のコンテスト

8月7日の歌のコンテストに参加してください。大観衆の前で歌ってください。上位3人の歌手あるいはグループが賞をもらえます。

> 規則
> - 1人，2人，あるいは3人で一緒に歌ってもかまいません。
> - ㉑海に関する言葉が，歌に入っていなければなりません。
> - 私どものウェブサイトにアクセスして申し込んでください。
> - 当日は，午前10時までに来てください。

● 特別写真撮影

㉒プロのカメラマンが3ドルであなたの写真を撮ります。「サンタ・クルーズ海浜公園100周年記念」という言葉が写真に書き込まれます。

(21) コンテストに参加する人は全員…
1 楽器を演奏します。 　　　　　2 海についての歌を歌います。
3 1人で歌います。 　　　　　　4 賞をもらいます。

✔ 下線部㉑に Words about the sea should be included in the song. （海に関する言葉が，歌に入っていなければなりません。）とあるので，2 が適切。

(22) 人々は3ドルで何を買うことができますか。
1 公園へのチケットです。 　　　2 歌の本です。
3 彼ら自身の写真です。 　　　　4 公園の歴史についての本です。

✔ 下線部㉒に A professional photographer will take a photo of you for $3.00.（プロのカメラマンが3ドルであなたの写真を撮ります。）とあるので，3 が適切。

📖 WORDS&PHRASES

□ **anniversary**—記念日　　□ **join**—〜に参加する　　□ **in front of** 〜—〜の前で，〜の前に
□ **audience**—聴衆，観客　　□ **prize**—賞　　□ **include**—〜を含む
□ **website**—ウェブサイト　　□ **sign up**—申し込む　　□ **by**—〜までに
□ **take a photo**—写真を撮る　　□ **written**—**write**（〜を書く）の過去分詞
□ **musical instrument**—楽器　　□ **alone**—1人で

本文の意味

送信者：ユリ・イトウ
宛先：ウェンディ・ハーディング
日付：7月11日
件名：淡路島訪問

親愛なるウェンディ，
学校で，私の祖父母が淡路島に住んでいるって話したでしょ。㉓家族と私は来週末に車で祖父母の家に行くの。一緒に行きましょう。もちろん，私たちと一緒にあなたは祖父母の家に泊まれるわ。土曜日に父が車で連れていってくれて，私たちは次の日に戻るの。とても大きな橋を渡るのよ。その橋から海が見えるわ。一番いいのは，その週末に花火大会があることよ！
あなたの友達，
ユリ

送信者：ウェンディ・ハーディング
宛先：ユリ・イトウ
日付：7月12日
件名：あなたのご家族との旅行

親愛なるユリ，
あなたの計画，すごくよさそう！　私は京都に来てから列車での旅行は何回かしたけれど，車での旅行はまだないの。あなたたちとぜひご一緒したいわ。家族に見せるためのすてきな写真をいっぱい撮りたい。あなたに1つ質問があるの。㉔日曜日，京都には何時に戻ってくるのかしら？　私の両親は行かせてくれると思うから，詳しいことを教えたいのよ。
あなたの友達，
ウェンディ

送信者：ユリ・イトウ
宛先：ウェンディ・ハーディング
日付：7月12日
件名：旅行の詳細

親愛なるウェンディ,
わかったわ，これが旅行の詳細よ：
その土曜日は，午前8時に出発したいの。私の家に7時45分までに来て。私の父は大学に通うまで淡路島に住んでいたの。どこで写真を撮ればいいかを彼は知っているわ。いろいろな場所に連れていってくれるから，そこですてきな写真が撮れるわ。
㉕日曜日の午後3時に，祖父母の家を出発するわ。午後6時ごろには家に着くでしょう。
ユリ

(23) **ユリは自分の家族と一緒にウェンディに何をしようと誘っていますか。**
1 京都を訪れる。
2 学園祭に行く。
3 彼女の祖父母を歓迎する。
4 車で旅行する。

下線部㉓に My family and I are going to go to my grandparents' house by car …. Please join us.(家族と私は…車で祖父母の家に行くの。一緒に行きましょう。)とあるので，4が適切。

(24) **ウェンディは何についてたずねていますか。**
1 島への行き方です。
2 どの列車に乗るかです。
3 いつ家に帰ってくるかです。
4 どこで写真を撮るかです。

下線部㉔に What time will we return to Kyoto on Sunday?(日曜日，京都には何時に戻ってくるのかしら？)とあるので，3が適切。return と go back は，ここでは同じ意味。

(25) **日曜日の午後3時に，彼らは…**
1 とても大きな橋を渡ります。
2 花火を見ます。
3 京都に向け出発します。
4 京都に着きます。

下線部㉕に At 3:00 p.m. on Sunday, we will leave my grandparents' house.(日曜日の午後3時に，祖父母の家を出発するわ。)とあるので，3が適切。4と混同しないように注意。京都の家に着くのは午後6時ごろ。

WORDS&PHRASES

□ **by**—〜で，〜までに　□ **drive**—〜を車に乗せていく　□ **return**—戻る
□ **cross**—〜を渡る　□ **best of all**—一番，特に　□ **fireworks**—花火大会，花火
□ **trip**—旅行　□ **since**—〜して以来　□ **never**—一度も〜ない
□ **let**—…に〜させる

本文の意味

フランスのエイプリルフールの日の伝統

　毎年春，フランスの子どもたちは4月1日を楽しみます。彼らは，魚の絵を人の背中にはりつけようとするのです。㉖最初に，子どもたちは多くの魚の絵を用意します。紙から魚を1つずつ切り離します。それから，衣服にくっつくように，魚にテープをはります。子どもたちは自分の魚をできるだけ多くの人の背中にはりつけたいのです。彼らは人に捕まらないように，すばやく静かにそれをやろうとします。「エイプリル・フィッシュ」と叫んで逃げます。

　㉗ずっと昔，フランスでは新年を始めるいろいろな日付がありました。最も一般的だったのが3月25日でした。新年のパーティーは4月1日まで開かれ，人々はプレゼントを渡し合いました。㉘1564年に，王が新しい法律を作りました。それには，みんなが同じ新年の日，1月1日を使わなければならないとありました。しかし，その新しい法律を喜ばない人たちもいました。その人たちは，そのあとも4月1日にお祝いしたのです。これがエイプリルフールの始まりです。

　おそらく，4月1日の魚が新年の贈り物だったのでしょう。しかし，なぜ贈り物が魚だったのでしょうか。それにはどういう意味があったのでしょうか。古い新年の日や新年のパーティーはイースターに近いときでした。㉙イースターの前には，肉を食べない人もいましたが，魚は食べました。魚はその季節のうれしい贈り物なのでした。

　次第にいたずらが始まりました。人々は贈り物として魚に似たものをあげました。また，魚の絵をあげることも始まりました。今では，4月1日と紙の魚は，フランスの子どもたちにはとても関係があるのです。

㉖　フランスの子どもたちは4月1日に何を準備しますか。
1　贈り物の包装紙です。　　　2　釣り船です。
3　魚を食べるパーティーです。　4　魚の絵です。

- - - -

　✔ 下線部㉖に children prepare many drawings of fish（子どもたちは多くの魚の絵を用意します）とあるので，4が適切。

㉗　過去において，4月1日は…時期でした。
1　新年のパーティーを開く　　2　夕食に肉を料理する
3　絵をかく　　　　　　　　4　海に行く

- - - -

　✔ 下線部㉗の1文目に Long ago, …（ずっと昔，…）とあり，下線部㉗の3文目に New Year's parties were held till April 1 and ….（新年のパーティーは4月1日まで開かれ…。）とあることから，1が適切。

新年の日を変えたのはだれですか。
1 子どもたちです。　　　　2 すべての人々です。
3 王様です。　　　　　　　4 お年寄りたちです。

- -

◢ 下線部㉘に the King made a new law（王が新しい法律を作りました）とあり，「それには，みんなが同じ新年の日，1月1日を使わなければならないとありました。」とあることから，3が適切。

(29) 昔，なぜ人々はイースターの時期に魚を食べたのですか。
1 子どもたちが春に多くの魚を捕まえました。
2 彼らは肉を食べられませんでした。
3 それが彼らがもらう唯一の贈り物でした。
4 王様が魚を食べるのが好きでした。

- -

◢ 下線部㉙に Before Easter, some people did not eat meat, but they ate fish.（イースターの前には，肉を食べない人もいましたが，魚は食べました。）とあるので，2が適切。

(30) この話は何についてですか。
1 子どもたちが食べるのが好きな食べ物。
2 魚を捕まえる最もよい方法。
3 新しい法律の作り方。
4 フランスの子どもたちの遊び。

- -

◢ 全体の内容は，4月1日のエイプリルフールのときに，フランスの子どもたちが魚の絵をかいて人の背中にはりつけて遊ぶというものなので，4が適切。

📖 WORDS&PHRASES

□ **tradition**—伝統　　□ **drawing**—絵　　□ **prepare**—〜を準備する
□ **as 〜 as possible**—できるだけ〜　　□ **quickly**—すばやく　　□ **quietly**—静かに
□ **caught**—catch（〜を捕まえる）の過去形，過去分詞　　□ **run away**—逃げる
□ **long ago**—昔　　□ **however**—しかしながら　　□ **still**—それでもなお
□ **perhaps**—たぶん，おそらく　　□ **mean**—〜を意味する
□ **welcome**—うれしい，ありがたい　　□ **trick**—いたずら

ライティング対策 意味と解答例

質問の意味

あなたは日本でどこに行きたいですか。

解 答 例

I want to visit Ise Jingu in Mie. Ise Jingu is a very famous shrine in Japan. Also, I want to eat big Ise lobsters and delicious Matsusaka beef.　　　（29 語）

解答例の意味

私は三重県にある伊勢神宮を訪れたいです。伊勢神宮は日本でとても有名な神社です。また，大きな伊勢エビとおいしい松阪牛を食べたいです。

☑ 「どこに行きたいか」という質問では，1 文目に I want to go to[visit] 〜. のように行きたい場所を書く。場所を言うときは，Ise Jingu in Mie（三重県の伊勢神宮）のように「小さい場所」→「それを含む大きい場所」の順に書く。2 文目以降はその理由を述べよう。理由を 2 つ述べるときは，Also（また）を使って，そこへ行ったら次に何をしたいかなどを付け加えると文が自然につながる。

リスニングテスト第１部 （問題 p.103 〜 104）

No.1

A: What did you do on the weekend?　「あなたは週末に何をしたの？」
B: I went to the festival at my　「兄[弟]の高校のお祭りに行ったよ。」
　brother's high school.

A: Did you enjoy it?　「楽しかった？」
　1　Yes, I listened to many　　**1「うん，多くのグループの音楽を聞**
　　groups' music.　　　　　**いたんだ。」**
　2　No, I went there by bus.　　2「いや，そこへはバスで行ったんだ。」
　3　Yes, he's a high school student.　3「うん，彼は高校生なんだ。」

☑ 「高校のお祭りに行った」と言う少年に「楽しかった？」と聞いているので，楽しかった理由を答えている 1 が適切。2 は交通手段を答え，3 は兄[弟]のことを述べているので不適切。

No.2

🔊

A: Goodbye, I had a great time.	「さようなら，とても楽しい時間だったよ。」
B: I did, too. Please come again.	「私も楽しかったわ。また来てね。」
A: Thank you, I will. Oh, it started snowing.	「ありがとう，そうするよ。あ，雪が降り始めたね。」
1 I started driving last year.	1 「私は去年運転を始めたわ。」
2 Please drive carefully.	**2 「運転に気をつけて。」**
3 I have a driver's license.	3 「私は運転免許証を持っているわ。」

🔷 帰ろうとしている男性が「雪が降り始めたね」と言っているので，「運転に気をつけて。」と言っている**2**が適切。driver's license は「運転免許証」。

No.3

🔊

A: Did you go to see your brother's soccer game?	「お兄[弟]さんのサッカーの試合を見に行ったの？」
B: Of course I did.	「もちろん行ったよ。」
A: Did his team win?	「彼のチームは勝ったの？」
1 It was a soccer game.	1 「それはサッカーの試合だったよ。」
2 Yes, it was a great game.	**2 「うん，すばらしい試合だった。」**
3 No, it was raining.	3 「いや，雨が降っていたんだ。」

🔷 女性が「彼（＝お兄[弟]さん）のチームは勝ったの？」と聞いているので，「うん，すばらしい試合だった。」と答えている**2**が適切。

No.4

🔊

A: Take your umbrella today, Mark.	「マーク，今日はかさを持っていきなさい。」
B: It's a beautiful day outside.	「外はいい天気だよ。」
A: No, the TV says it will rain later today.	「いいえ，テレビで今日はあとで雨が降るって言っているわ。」
1 In that case, I will.	**1 「それなら，持っていくよ。」**
2 It rained last Sunday, too.	2 「この前の日曜日も雨だったね。」
3 We bought a new TV.	3 「ぼくたちは新しいテレビを買ったんだ。」

🔷 女性が雨が降ると言ったのを受けて，「それなら，持っていくよ。」と答えている**1**が適切。I will のあとには take my umbrella が省略されている。

No.5

A: I didn't know you had a sister.	「きみにお姉［妹］さんがいるなんて知らなかったよ。」
B: She's a college student and lives in Tokyo.	「大学生で東京に住んでいるの。」
A: How old is she?	「何歳なの？」
1 She likes baseball.	1 「彼女は野球が好きよ。」
2 She studies science.	2 「彼女は科学を勉強しているわ。」
3 She's 22.	3 「彼女は22歳よ。」

📝 男性が「彼女は何歳なの？」と聞いているので，年齢を答えている 3 が適切。

No.6

A: Have you ever seen a koala?	「コアラを見たことがある？」
B: No, but I really want to see one someday.	「いや，でもいつか本当に見てみたいなあ。」
A: There are koalas at the zoo in my city.	「私の市にある動物園にコアラがいるわよ。」
1 I should visit there.	1 「そこに行かなきゃ。」
2 I like koalas, too.	2 「ぼくもコアラが好きだよ。」
3 They go to Australia.	3 「彼らはオーストラリアに行くんだよ。」

📝 コアラを見たことがないと言う男性が，「私の市にある動物園にコアラがいるわよ。」と女性に言われたので，「そこに行かなきゃ。」と言っている 1 が適切。should は「〜しなければならない」という意味で使われている。Have you ever seen 〜? は「〜を見たことがありますか」という意味で，経験をたずねる文。

No.7

A: I have to hurry to the station.	「急いで駅に行かなければならないんです。」
B: Then, you should catch a taxi.	「でしたら，タクシーをつかまえたほうがいいでしょう。」
A: How much is it?	「いくらでしょうか。」
1 In 10 minutes or so.	1 「10分かそこらです。」
2 The bus will be cheaper.	2 「バスのほうが安いですよ。」
3 Well, about 15 dollars.	3 「ええと，だいたい15ドルです。」

📝 男性は金額を聞いているので，「だいたい15ドルです」と料金を答えている 3 が適切。or so は「〜かそこら」という意味。

No.8

A: There're two of us. Do you have any tables open?

「2人です。空いているテーブルはありますか。」

B: Yes, we have one by the window with a nice view.

「はい，窓際のすてきな眺めのところが1つございます。」

A: That's great! Thank you.

「それはすばらしい！ ありがとうございます。」

  1 I'm very hungry.

  1 「私はとてもおなかがすいているんです。」

  2 Follow me, please.

  2 「こちらへどうぞ。」

  3 Do you know the shop?

  3 「そのお店をご存知ですか。」

 レストランで，男性従業員に「窓際のすてきな眺めのところが1つございます」と言われて，女性客は Thank you. と答えている。女性客を「こちらへどうぞ。」と案内する**2**が適切。

No.9

A: I'm looking for a men's jacket.

「男性用のジャケットを探しているんですが。」

B: How about that blue one?

「あの青いのはいかがでしょうか。」

A: That looks nice. I want to try it on.

「よさそうですね。試着してみたいです。」

  1 We don't have a larger size.

  1 「それより大きいサイズはございません。」

  2 The fitting rooms are over there.

  2 「試着室はあちらにございます。」

  3 That jacket is not on sale.

  3 「そのジャケットはセール品ではございません。」

 衣料品店で試着してみたい男性客に試着室の場所を教えている**2**が適切。try ~ on は「~を試着する」という意味。

No.10

A: Dad, I'm at the station, and it's raining.

「お父さん，私，駅にいるんだけど，雨が降っているの。」

B: Don't you have an umbrella?

「かさは持っていないのかい？」

A: No. Can you pick me up?

「持っていないわ。迎えに来てくれる？」

  1 OK, I'll come right now.

  1 「わかった，すぐに行くよ。」

  2 Sorry, the train was late.

  2 「ごめん，電車が遅れてしまって。」

  3 I'll catch the last train.

  3 「私は最終電車に乗るよ。」

娘が「かさがないから迎えに来て」と駅から電話してきているので，それに応じている**1**が適切。駅にいる設定なので，**2**や**3**の train に惑わされないこと。〈pick ＋ 人 ＋ up〉は「（人）を車で迎えに行く」という意味。

リスニングテスト第2部 （問題　p.105 ～ 106）

No.11

A: We have a foreign student in my class. He is from Taiwan.
B: We have two. One is from France, and the other from Korea.
A: The student in my class is going back home next month.
B: Sorry to hear that.
　Question　**Who is going back home?**

A: ぼくのクラスには外国人の生徒がいるよ。彼は台湾出身なんだ。
B: 私たちのところには2人いるわよ。1人はフランス出身で，もう1人は韓国出身。
A: ぼくのクラスの生徒は来月故郷に帰るんだよ。
B: 残念ね。
　質問　だれが故郷に帰りますか。

1　カナダ出身の生徒です。　　　　2　フランス出身の生徒です。
3　台湾出身の生徒です。　　　　　4　韓国出身の生徒です。

 だれが故郷に帰るかをたずねている。Aが He is from Taiwan.（彼〈＝外国人の生徒〉は台湾出身なんだ。）と言った上で，The student in my class is going back home（ぼくのクラスの生徒は故郷に帰るんだよ）と言っているので，**3**が適切。**2**・**4**はBのクラスにいる生徒たち。

No.12

A: Hello, can I rent a car today? I want a small car.
B: OK. For how long, sir? For one day?
A: No, eight hours. How much will it be?
B: It's seven dollars an hour.
　Question　**How long will the man need a car?**

A: こんにちは，今日車を借りられますか。小さい車がいいのですが。
B: かしこまりました。どのくらいの時間ですか，お客様。1日ですか。
A: いや，8時間です。いくらになりますか。
B: 1時間当たり7ドルです。

合格力チェックテスト　一次試験・リスニング

質問 **男性はどのくらいの時間，車が必要ですか。**

1 1日です。　　　　　　　　　　　　**2 8時間です。**

3 7時間です。　　　　　　　　　　　4 1時間です。

 車を必要とする時間をたずねている。車を借りると言う男性が「どのくらいの時間ですか，お客様。」と聞かれて，eight hours（8時間です）と答えているので，**2** が適切。どの数字が正解に相当するのかを聞き取ることがポイント。

No.13

A: When does the next express train to Springhill come?

B: In thirty minutes. But a local train to Dayton comes in five minutes.

A: If I take the train to Dayton, how do I get to Springhill?

B: After two minutes at Dayton, you can catch another local to Springhill.

Question **How long will the woman wait at Dayton?**

A: スプリングヒル行きの次の急行列車はいつ来ますか。

B: 30分後です。ですが，デイトン行きの普通列車は5分後に来ますよ。

A: もしデイトン行きの列車に乗ったら，どうやってスプリングヒルに行けますか。

B: デイトンで2分後にスプリングヒル行きの別の普通列車に乗れますよ。

質問 **女性はデイトンでどのくらいの時間待ちますか。**

1 15分です。　　　　　　　　　　　2 5分です。

3 30分です。　　　　　　　　　　　**4 2分です。**

 デイトン駅で列車を待つ時間をたずねている。After two minutes at Dayton, you can catch another local to Springhill.（デイトンで2分後にスプリングヒル行きの別の普通列車に乗れますよ。）と言っているので，**4** が適切。**2** は，今いる駅でデイトン行きの列車が来るまでの時間。

No.14

A: How do you like baseball practice, Henry?

B: It's fun. But it's a little hard, and I'm always tired.

A: Do you have practice every day?

B: No. I don't have it on Saturdays and Sundays.

Question **When does Henry have baseball practice?**

A: ヘンリー，野球の練習はどう？

B: 楽しいよ。でも，ちょっときついんだよ，それで，ぼくはいつも疲れているよ。

A: 毎日練習があるの？

B: いや。土曜日と日曜日にはないよ。

1 毎日です。　　　　　　　　2 毎週土曜日と日曜日です。
3 平日にです。　　　　　　　4 週末にです。

📘 野球の練習日をたずねている。「毎日練習があるの？」と聞かれて I don't have it on Saturdays and Sundays. （土曜日と日曜日にはないよ。）と答えていることから，「平日」に練習があるとわかるので，3 が適切。

No.15

A: Sorry, I'm going to be late. I'm still on the bus.
B: Aren't you driving your car?
A: No, something is wrong with my car.
B: I see. Take your time.

Question **Where is the man now?**

A: ごめんよ，遅れそうなんだ。まだバスの中だよ。
B: 車で来ているんじゃないの？
A: いや，ぼくの車の調子が悪くてね。
B: わかったわ。あわてないでね。

質問 男性は今どこにいますか。

1 彼の車の中にいます。　　　　2 バスの中にいます。
3 車の修理工場にいます。　　　4 女性と一緒にいます。

📘 男性が今いる場所をたずねている。男性は I'm still on the bus. （まだバスの中だよ。）と言っているので，2 が適切。

No.16

A: Come down, Daniel. Dinner is ready.
B: Just a minute, Mom. I cleaned my room, and I'm doing my homework.
A: Good boy. Wash your hands before dinner, OK?
B: I know, Mom. I will.

Question **What is Daniel doing now?**

A: 下りてきなさい，ダニエル。夕食ができているわよ。
B: ちょっと待って，お母さん。ぼくは部屋を掃除して，今，宿題をしているところなんだ。
A: いい子ね。夕食の前に手を洗いなさい，いい？
B: わかっているよ，お母さん。そうするよ。

質問 ダニエルは今，何をしていますか。

1 夕食を食べています。　　　　2 部屋を掃除しています。

3 宿題をしています。　　　　　　　4 手を洗っています。

 ダニエルが今，何をしているのかをたずねている。I'm doing my homework（今，宿題をしているところなんだ）と言っているので，**3**が適切。

No.17

A: What are you going to give Grandma for her birthday?

B: I'm still thinking. Last year, I gave her flowers.

A: Yes, they were nice roses. I'm drawing a picture of her this year.

B: Nice idea. Then I'll give her the same.

Question **What will the boy give his grandmother for her birthday?**

A: あなたはおばあちゃんの誕生日に何をあげるつもり？

B: まだ考え中なんだ。去年は彼女にお花をあげたんだよ。

A: そうね，すてきなバラだったわ。私は，今年は彼女の絵をかいているところよ。

B: いい考えだね。じゃあ，ぼくも同じのをあげよう。

質問 **少年は誕生日におばあさんに何をあげますか。**

1 花です。　　　　　　　　　　　2 祖母の絵です。

3 バラの絵です。　　　　　　　　4 写真のアルバムです。

 少年がおばあさんの誕生日にあげるものをたずねている。少年は I'll give her the same（ぼくも同じの〈＝祖母の絵〉をあげよう）と言っているので，**2**が適切。**1**は去年のプレゼント。

No.18

A: Matt, are you going to go to Anna's birthday party tonight?

B: No, I can't.

A: Oh, what's the matter? Don't you like parties?

B: I like parties. I have to take care of my sister.

Question **Why can't Matt go to the party?**

A: マット，今夜のアナの誕生日パーティーには行くつもり？

B: ううん，行けないんだ。

A: えっ，どうしたの？　パーティーは好きじゃないの？

B: パーティーは好きだよ。妹の面倒を見なきゃならないんだ。

質問 **マットはなぜパーティーに行けないのですか。**

1 彼は招待を受けませんでした。　2 彼は今，具合が悪いです。

3 彼は妹といなければいけません。4 彼はパーティーが好きではありません。

 マットがパーティーに行けない理由をたずねている。「どうしたの？」と聞

かれて，マットは I have to take care of my sister.（妹の面倒を見なきゃならないんだ。）と答えているので，**3** が適切。

No.19

A: Is that your new bicycle, Susan?
B: Yes, I even named it. Its name is Windy.
A: It sounds fast.
B: It is. And also, it's very light.

Question **What are they talking about?**

A: スーザン，それはきみの新しい自転車？
B: そう，名前もつけたのよ。ウィンディって名前。
A: 速そうな響きだね。
B: 速いのよ。それにまた，とても軽いのよ。

質問 **彼らは何について話していますか。**

1　新しいペットです。　　　　2　今日の天気です。
3　速いランナーです。　　　　**4　自転車です。**

何について話しているかをたずねている。初めに Is that your new bicycle?（それはきみの新しい自転車？）と聞いていて，そのあとも自転車の話が続いているので，**4** が適切。

No.20

A: Jenny, I can't come to the guitar practice.
B: What's wrong, Michael? Are you sick?
A: No, I'm all right, but I have to study for the test tomorrow.
B: I understand. Good luck!

Question **What is Michael's problem?**

A: ジェニー，ギターの練習に行けないよ。
B: どうしたの，マイケル？　具合が悪いの？
A: いや，ぼくは元気なんだけど，明日のテストの勉強をしなきゃならなくて。
B: わかったわ。がんばって！

質問 **マイケルの問題は何ですか。**

1　彼は頭痛がします。　　　　2　彼は寝坊しました。
3　彼はギターをなくしました。　**4　彼はテスト勉強をしなければなりません。**

マイケルの問題が何かをたずねている。I have to study for the test tomorrow（明日のテストの勉強をしなければならなくて）と言っているので，**4** が適切。

リスニングテスト第3部 （問題 p.107 ～ 108）

No.21

I'm on the soccer team at school. Every day after school, I start practicing at four thirty and finish at six. I get home at about seven. After dinner, I usually study until ten and go to bed.

Question **When does the boy arrive at his house?**

ぼくは学校でサッカー部に入っています。毎日放課後，4時30分に練習し始め，6時に終わります。7時ごろに帰宅します。夕食後は，たいてい10時まで勉強して寝ます。

質問 **少年はいつ家に着きますか。**

1 4時30分にです。	2 6時にです。
3 7時ごろです。	4 10時ごろです。

 I get home at about seven.（ぼくは7時ごろに帰宅します。）と話しているので，3が適切。英文中の get home（帰宅する）と質問の arrive at his house（家に着く）は同じ意味で使われている。1は練習を始める時刻，2は練習が終わる時刻，4は寝る時刻。

📖 WORDS&PHRASES

□ **usually**—ふだん，たいてい　　□ **until**—～まで

No.22

Attention, students. Today is the last day of our school festival. The winner of the class dance contest is Class 7-C. We will have a party at three thirty.

Question **What is the girl talking about?**

生徒の皆さん，聞いてください。今日は，学園祭の最終日です。クラス対抗ダンスコンテストの優勝は7年C組です。3時30分からパーティーを開きます。

質問 **少女は何について話していますか。**

1 学園祭の開会です。
2 学園祭に生徒をどうやって招待するかです。
3 夜のパーティーです。
4 コンテストの優勝者です。

📝 The winner of the class dance contest is Class 7-C.（クラス対抗ダンスコンテストの優勝は7年C組です。）と言っているので，4が適切。

No.23

🔊

A new student from Australia has come to John's class. They will have a party for the new student today. They will use their classroom and have some drinks and snacks. They will sing and dance.

Question **What will John's class do today?**

オーストラリアから新しい生徒がジョンのクラスに来ました。今日，彼らは新入生のためにパーティーを開きます。彼らは教室を使って，飲み物と軽食をとります。歌ったりダンスをしたりします。

質問 **ジョンのクラスは今日何をしますか。**

1 新入生を迎えます。　　　　　　　2 オーストラリア旅行をします。

3 パーティーを開きます。　　　　　4 教室を掃除します。

◢ They will have a party for the new student today.（今日，彼ら〈＝ジョンのクラス〉は新入生のためにパーティーを開きます。）と言っているので，3が適切。

📖 WORDS&PHRASES

　□ **come**—**come**（来る）の過去分詞　　□ **take a trip to ～**—～へ旅行をする

No.24

🔊

Mr. Tanaka likes taking pictures of old castles around Japan. This year, he took pictures of castles in Nagoya, Himeji and Kumamoto. They were beautiful. But his favorite picture is the one in Matsumoto.

Question **Which picture does Mr. Tanaka like the best?**

タナカさんは日本中の古い城の写真を撮るのが好きです。今年は，名古屋，姫路，そして熊本の城の写真を撮りました。それらはきれいでした。でも，彼のお気に入りの写真は松本の城です。

質問 **タナカさんはどの写真が一番気に入っていますか。**

1 名古屋の城です。　　　　　　　　2 松本の城です。

3 姫路の城です。　　　　　　　　　4 熊本の城です。

◢ 最後に his favorite picture is the one in Matsumoto（彼〈＝タナカさん〉のお気に入りの写真は松本のものです）と言っているので，2が適切。

📖 WORDS&PHRASES

　□ **castle**—城　　□ **took**—**take**（〈写真〉を撮る）の過去形

No.25

🔊 Good morning, class. As you know, we have a ball game tournament this afternoon. I can't wait to see you play. Please come to the gym after lunch.

> Question **What is the woman looking forward to?**

皆さん，おはようございます。ご存知のとおり，今日の午後，球技大会があります。皆さんがプレーするのを見るのが待ちきれません。昼食後に体育館に来てください。

質問 **女性は何を楽しみにしていますか。**

1 午後に遊ぶことです。　　　　2 モールに行くことです。

3 **いくつかの試合を見ることです。** 4 昼食を食べることです。

📝 I can't wait to see you play.（皆さんが〈球技大会で〉プレーするのを見るのが待ちきれません。）と話しているので，**3**が適切。質問の look forward to ～（～を楽しみにする）と英文の can't wait to ～（～するのが待ちきれない）はほぼ同じ意味。

📖 WORDS & PHRASES

□ **as you know**──ご存知のとおり　□ **look forward to ～**──～を楽しみにする

No.26

🔊 Last Sunday, Nancy and Cindy went shopping. Nancy wanted to buy a nice hat, and Cindy was looking for a bag for her mother. There weren't any nice hats. Cindy bought a pretty bag.

> Question **What did Cindy buy?**

この前の日曜日，ナンシーとシンディは買い物に行きました。ナンシーはすてきな帽子を買いたくて，シンディは母親にあげるバッグを探していました。すてきな帽子はありませんでした。シンディはきれいなバッグを買いました。

質問 **シンディは何を買いましたか。**

1 ナンシーの帽子です。　　　　2 シンディのバッグです。

3 **シンディの母親のバッグです。** 4 ナンシーの母親の帽子です。

📝 「ナンシーはすてきな帽子を買いたかった」→ There weren't any nice hats.（すてきな帽子はありませんでした。），「シンディは母親にあげるバッグを探していた」→ Cindy bought a pretty bag.（シンディはきれいなバッグを買いました。）と言っているので，**3**が適切。

📖 WORDS & PHRASES

□ **look for ～**──～を探す　□ **bought**──buy（～を買う）の過去形

No.27

Yesterday, David came home early. He usually gets home at about six in the evening, but yesterday he didn't have tennis practice. He did his homework and went out for dinner with his family.

> Question **Why did David come home early yesterday?**

- -

昨日，デイビッドは早くに帰宅しました。彼はふつう夕方の6時ごろ家に着きますが，昨日，彼はテニスの練習がありませんでした。彼は宿題をして家族と一緒に夕食に出かけました。

質問 **デイビッドはなぜ昨日，早く帰宅したのですか。**

1 彼はかぜをひいていました。

2 彼は宿題がたくさんありました。

3 彼はテニスをしませんでした。

4 彼は家族のために夕食を作らなければなりませんでした。

- -

✓ yesterday he didn't have tennis practice（昨日，彼〈＝デイビッド〉はテニスの練習がありませんでした）と言っているので，**3** が適切。

📖 WORDS&PHRASES

□ **go out (for 〜)**—（〜のために）外出する

No.28

Today, I had a piano concert. My parents, grandparents, and my friend Emma were planning to see my concert. This morning, my grandma called and said grandpa was sick. He didn't come.

> Question **Who was absent from the concert?**

- -

今日，私はピアノのコンサートがありました。両親，祖父母，そして友達のエマが私のコンサートを見る予定でした。今朝，祖母が電話で祖父が具合が悪くなったと言ってきました。彼は来ませんでした。

質問 **コンサートを欠席したのはだれですか。**

1 少女の母親です。 2 少女の父親です。

3 少女の祖父です。 4 少女の友達です。

- -

✓ my grandma called and said grandpa was sick. He didn't come.（祖母が電話で祖父が具合が悪くなったと言ってきました。彼は来ませんでした。）と言っているので，**3** が適切。

📖 WORDS&PHRASES

□ **plan to 〜**—〜する予定だ □ **be absent from 〜**—〜を欠席する

No.29

My family moved to this city last month, and I had to change schools. At first, I wasn't happy because I had no friends at school. Now, I'm happy. I have a lot of friends in my class.

Question **What is the boy talking about?**

ぼくの家族は先月，この市に引っ越してきました，そしてぼくは転校しなければなりませんでした。最初,学校で友達がいなかったので楽しくありませんでした。今では楽しいです。クラスには友達がいっぱいいます。

質問 **少年は何について話していますか。**

1 彼の家族です。　　　　　　　　2 学校に遅刻したことです。
3 彼の新しい学校生活です。　　　4 彼の将来の計画です。

 転校して，最初は友達がいなくて楽しくなかったけれど，今ではクラスに多くの友達がいるので楽しいと，新しい学校生活のことを話しているので，3が適切。

WORDS&PHRASES

□ **move**—引っ越す　　□ **be late for 〜**—〜に遅れる　　□ **future**—将来の，未来の

No.30

James started taking driving lessons three weeks ago. He goes to the driving school twice a week. This week, he started driving on the road. He has driven on the road only once so far.

Question **How many times has James driven on the road?**

ジェイムズは3週間前に運転の教習を受け始めました。彼は週に2回自動車学校に行きます。今週，彼は路上で運転を始めました。今のところ，路上を運転したのは1回だけです。

質問 **ジェイムズは路上を何回運転しましたか。**

1 1回です。　　　　　　　　　2 2回です。
3 3回です。　　　　　　　　　4 4回です。

 He has driven on the road only once so far.（今のところ，路上を運転したのは1回だけです。）と言っているので，1が適切。2の twice は1週間に自動車学校に行く回数。

WORDS&PHRASES

□ **twice**—2回　　□ **driven**—**drive**（運転する）の過去分詞　　□ **once**—1回

英検 **3** 級

二 次 試 験（面 接）　意 味 と 解 答 例

[問題: p.114 − p.123]

[問題 p.114]

カードの意味

デパート

多くの都市にはデパートがあります。日本では，それらはよく大きな駅の近くに建てられています。多くの人々は新しい洋服の買い物と，おいしいものを食べるのを楽しみます。だから，彼らは暇なときにデパートを訪れます。

No.1

英文を見てください。なぜ多くの人々は暇なときにデパートを訪れるのですか。

解答例 Because they enjoy shopping for new clothes and eating delicious food.
（彼らは新しい洋服の買い物と，おいしいものを食べるのを楽しむからです。）

Many people enjoy shopping for new clothes and eating delicious food, so they visit department stores in their free time.（多くの人々は新しい洋服の買い物と，おいしいものを食べるのを楽しみます。だから，彼らは暇なときにデパートを訪れます。）と書かれている。Why ～?（なぜ～か。）と理由を問う質問には，Because ～.（なぜなら～だからです。）で答える。soの直前の部分が「理由」にあたる。

No.2

絵を見てください。長い髪をした女性は手に何を持っていますか。

解答例 She has shoes.
（彼女はくつを持っています。）

女性が一足のくつを持っている。主語のsheは3人称単数なので，動詞がhasになることに注意すること。

No.3

めがねをかけている男性を見てください。彼は何をしていますか。

解答例 He's buying a hat.
（彼は帽子を買っています。）

めがねをかけている男性を見ると，店員にお札を手渡して帽子を買っている。What is ～ doing?（～は何をしていますか。）には現在進行形を使って答える。

No.4

今日あなたはどのようにしてここに来ましたか。

解答例 I walked.

（私は歩いて来ました。）

📝 How did you come here today? （今日あなたはどのようにしてここに来ましたか。）の質問には，交通手段などを用いて答える。I walked. （歩いて来ました。）のほかに，I came here by + 乗り物. （私は～でここに来ました。）などの表現も覚えておこう。

No.5

[1つ目の質問]

あなたはお祭りに行くことを楽しみますか。

解答例 Yes, I do.

（はい，楽しみます。）

No, I don't.

（いいえ，楽しみません。）

[2つ目の質問]

（あなたがYesで答えた場合）**なぜですか。**

解答例 The games are fun.

（ゲームが楽しいです。）

（Noで答えた場合）**なぜ楽しまないのですか。**

解答例 There are too many people.

（あまりに多くの人がいます。）

📝 Do you enjoy ～ing? （あなたは～するのを楽しみますか。）の質問には，Yes, I do. か No, I don't［do not］. で答える。Yesで答えた場合の Why? （なぜですか。）には，～ is fun. （～が楽しいです。）や I like ～. （私は～が好きです。）を使って，具体的にお祭りで何をするのが楽しいのかや，好きなことを述べる。No で答えた場合の Why not? （なぜ楽しまないのですか。）には，お祭りを楽しめない理由を具体的に述べる。

カードの意味

ピアノレッスン

日本の多くの子どもたちはピアノを習っています。レッスン中，彼らはときどき難しい曲を演奏することを習います。ピアノコンテストに参加したいと思っている子どもがいるので，彼らは毎日何時間も一生懸命練習します。

No.1

英文を見てください。なぜ毎日何時間も一生懸命練習する子どもがいるのですか。

解答例 Because they want to take part in piano contests.
（彼らはピアノコンテストに参加したいからです。）

- -

✓ Some children want to take part in piano contests, so they practice hard for many hours every day. （ピアノコンテストに参加したいと思っている子どもがいるので，彼らは毎日何時間も一生懸命練習します。）と書かれている。Why ～?（なぜ～か。）と理由を問う質問には，Because ～.（なぜなら～だからです。）を使って答えるとよい。so の直前の部分が「理由」にあたる。

No.2

絵を見てください。犬はどこにいますか。

解答例 They're under the table.
（犬はテーブルの下にいます。）

- -

✓ 2匹の犬がテーブルの下にいる。Where are［is］～? は「～はどこにありますか［いますか］。」と場所をたずねるときの言い方。

No.3

女性を見てください。彼女は何をするつもりですか。

解答例 She's going to close the door.
（彼女はドアを閉めるつもりです。）

- -

✓ 女性の吹き出し内の絵を見ると，ドアを閉めている。What is ～ going to do?（～は何をするつもりですか。）には，be going to ～ を使って答える。

No.4

次の週末，あなたは何をする予定ですか。

解答例 I'm planning to go to the library.
（私は図書館に行く予定です。）

What are you planning to do?（あなたは何をする予定ですか。）の質問には，I'm planning to ～.（私は～する予定です。）を使って自分の予定を答えるとよい。

No.5

［1つ目の質問］

あなたは買い物に行くのが好きですか。

解答例 Yes, I do.
（はい，好きです。）
No, I don't.
（いいえ，好きではありません。）

［2つ目の質問］

（あなたがYesで答えた場合）**あなたは何を買うのが好きですか。**

解答例 I like to buy magazines.
（私は雑誌を買うのが好きです。）

（Noで答えた場合）**あなたは友人と何をするのが好きですか。**

解答例 I like to play video games.
（私はテレビゲームをするのが好きです。）

Do you like to ～?（あなたは～することが好きですか。）の質問には，Yes, I do. かNo, I don't［do not］. で答える。Yesで答えた場合のWhat do you like to buy?（あなたは何を買うのが好きですか。）には，具体的に買うのが好きなものを述べる。Noで答えた場合のWhat do you like to do with your friends?（あなたは友人と何をするのが好きですか。）には，I like to ～.（私は～するのが好きです。）を使って友人とすることを具体的に述べる。

カードの意味

バレーボール

バレーボールはわくわくするチームスポーツです。多くの生徒は学校の体育の授業でバレーボールのやり方を学びます。夏にビーチバレーをして楽しむ人もいます。プロのバレーボールの試合を見ることも楽しいかもしれません。

No.1

英文を見てください。多くの生徒はいつバレーボールのやり方を学びますか。

解答例 They learn during P.E. classes.
（彼らは体育の授業中に学びます。）

◢ Many students learn to play volleyball during P.E. classes at school（多くの生徒は学校の体育の授業でバレーボールのやり方を学びます）と書かれている。When ~?（いつ～か。）という質問には，時の語句を用いて答える。

No.2

絵を見てください。時計はどこにありますか。

It's on the wall.
（壁にかかっています。）

◢ 体育館の壁に時計がかかっている。Where is ~?は「～はどこにありますか。」と場所をたずねるときの言い方。前置詞のon は2つのものが接触しているときに用いることができる。〈S is on the wall.〉は「Sが壁にかかっている。」という意味。

No.3

女性を見てください。彼女は何をしていますか。

解答例 She's carrying a box.
（彼女は箱を運んでいます。）

◢ 女性が箱を運んでいるのがわかる。〈What is［are］+主語+ doing?〉（～は何をしていますか。）の質問には〈主語+ is［are］～ing ….〉で答える。

No.4

あなたは今年の冬何をする予定ですか。

解答例 I'm planning to go skiing.

（私はスキーに行く予定です。）

- -

◤ What are you planning to do?（あなたは何をする予定ですか。）の質問には，
I'm planning to ～.（私は～する予定です。）と答える。

No.5

［1つ目の質問］

あなたは昨日英語を勉強しましたか。

解答例 Yes, I did.

（はい，しました。）

No, I didn't.

（いいえ，しませんでした。）

［2つ目の質問］

（あなたがYesで答えた場合）**もっと私に話してください。**

解答例 I studied hard for this test.

（私はこの試験のために一生懸命勉強しました。）

（Noで答えた場合）**あなたはたいてい何時に寝ますか。**

解答例 I go to bed at ten.

（私は10時に寝ます。）

- -

◤ Did you study English yesterday?（あなたは昨日英語を勉強しましたか。）
の質問には，Yes, I did. か No, I didn't［did not］. と答える。1つ目の質問
にYesで答えた場合，Please tell me more.（もっと私に話してください。）と
いう質問が続くので，模範解答のように英語を勉強した「理由」のほかに，
I studied English at the library for two hours.（図書館で2時間勉強しまし
た。）と「場所」や「時間」などを答えてもよい。Noで答えた場合の質問，
What time do you usually go to bed?（あなたはたいてい何時に寝ますか。）
には，〈I go to bed at＋時刻.〉で「寝る時刻」を答えるとよい。

カードの意味

絵を描くこと

絵を描くことは子どもと大人の両方に人気があります。多くの人々は，それはリラックスするよい方法だと考えています。木や花の絵を描くことを楽しむ人がいるので，彼らは週末に公園に行きます。

No.1

英文を見てください。なぜ週末に公園に行く人がいるのですか。

解答例 Because they enjoy painting pictures of trees and flowers.
（彼らは木や花の絵を描くことを楽しむからです。）

- -

✓ Some people enjoy painting pictures of trees and flowers, so they go to parks on weekends.（木や花の絵を描くことを楽しむ人がいるので，彼らは週末に公園に行きます。）と書かれている。Why ～?（なぜ～か。）と理由を問う質問には，Because ～.（なぜなら～からです。）で答える。so の直前の部分が「理由」にあたる。

No.2

絵を見てください。ボートには何人の人がいますか。

There are two.
（2人います。）

- -

✓ ボートに親子と思われる2人が乗っている。〈How many ＋名詞の複数形＋ are there ～?〉（～には何人の［いくつの］名詞がいますか［ありますか］。）の質問には，〈There are［is］＋数を表す語。〉で答える。

No.3

男性を見てください。彼は何をしていますか。

解答例 He's playing the guitar.
（彼はギターを弾いています。）

- -

✓ 男性を見ると，ベンチに座ってギターを弾いている。〈What is［are］＋主語 ＋ doing?〉（～は何をしていますか。）の質問には，〈主語 ＋ is［are］～ing ….〉で答える。

No.4

あなたはどんな種類の本を読むのが好きですか。

解答例 I like books about famous singers.
(私は有名な歌手についての本が好きです。)

What kind of ~ do you like to …?(あなたはどんな種類の~を…するのが好きですか。)の質問には，具体的な作品名などではなく，ジャンルを答える。

No.5

［1つ目の質問］

あなたは先週末，何か特別なことをしましたか。

解答例 Yes, I did.
(はい，しました。)
No, I didn't.
(いいえ，しませんでした。)

［2つ目の質問］

(あなたがYesで答えた場合)**もっと私に話してください。**

解答例 I went to Tama Zoo.
(私は多摩動物園に行きました。)

(Noで答えた場合)**あなたは毎週日曜日によく何をしますか。**

解答例 I stay home.
(私は家にいます。)

Did you do anything special?(あなたは何か特別なことをしましたか。)の質問には，Yes, I did. かNo, I didn't［did not］. で答える。Yesで答えた場合，Please tell me more.(もっと私に話してください。)には，「普段行かない場所に行った」，「いつもしないことをした」，などの内容を答えるとよい。Noで答えた場合，What do you often do on Sundays?(あなたは毎週日曜日によく何をしますか。)には，「普段すること」を答える。〈on +曜日s〉は「毎週~曜日に」という意味になる。

カードの意味

人気のある日本の食べ物

豆腐は多くのおいしい日本料理で使われています。中にはそれをサラダやスープ，アイスクリームやケーキにさえ入れるのが好きな人もいます。豆腐は健康によくて安いので，多くの人によって食べられています。

No.1

英文を見てください。なぜ豆腐は多くの人によって食べられているのですか。

解答例 Because it is healthy and cheap.
（それは健康によくて安いからです。）

- -

☑ Tofu is healthy and cheap, so it is eaten by many people.（豆腐は健康によくて安いので，多くの人によって食べられています。）と書かれている。Why ~?（なぜ~か。）と理由を問う質問には，Because ~.（なぜなら~だからです。）で答える。

No.2

絵を見てください。女性は何本の水を持っていますか。

解答例 She's holding two bottles of water.
（彼女は 2 本の水を持っています。）

- -

☑ 女性は 2 本の水を持っている。〈How many ＋名詞の複数形＋is［are］＋主語 ＋holding?〉は「~はいくつの…を持っていますか。」と数をたずねるときの言い方。

No.3

めがねをかけている男性を見てください。彼は何をするつもりですか。

解答例 He's going to clean the floor.
（彼は床を掃除するつもりです。）

- -

☑ めがねをかけている男性の吹き出し内の絵を見ると，床を掃除している。What is ~ going to do?（~は何をするつもりですか。）にはbe going to ~ を使って答える。

No.4

あなたは暇な時間にくつろぐために何をしますか。

解答例 I read comic books.

（私はまんが本を読みます。）

✔ What do you do?（あなたは何をしますか。）の質問には，〈I＋動詞 ～.〉（私は
～します。）と答える。

No.5

［1つ目の質問］

あなたは今までに動物園に行ったことがありますか。

解答例 Yes, I have.

（はい，あります。）

No, I haven't.

（いいえ，ありません。）

［2つ目の質問］

（あなたがYesで答えた場合）**もっと私に話してください。**

解答例 I went to Ueno Zoo yesterday.

（私は昨日上野動物園へ行きました。）

（Noで答えた場合）**あなたは週末にどこへ行くことが好きですか。**

解答例 I like to go to the shopping mall.

（私はショッピングモールに行くことが好きです。）

✔ Have you ever ～?（あなたは今までに～したことがありますか。）の質問には，
Yes, I have. か No, I haven't［have not］.で答える。1つ目の質問に Yes で答
えた場合，Please tell me more.（もっと私に話してください。）という質問が
続くので，「どこの動物園に行ったか，いつ，だれと行ったか」などを I went
to ～.を使って答えるとよい。No で答えた場合の質問，Where do you like
to go on weekends?（あなたは週末にどこへ行くことが好きですか。）には，「週
末に行くのが好きな場所」を I like to go to ～.の形で答えるとよい。

カードの意味

健康クラブ

日本には，多くの健康クラブがあります。多くの人が強く健康的でいたいので，健康クラブの会員になります。ときどき，人々はそこで新しい友達を作ることもできます。

No.1

英文を見てください。なぜ多くの人が健康クラブの会員になるのですか。

解答例 Because they want to stay strong and healthy.
（彼らは強くて健康的でいたいからです。）

✔ Many people want to stay strong and healthy, so they become members of health clubs.（多くの人が強く健康的でいたいので，健康クラブの会員になります。）と書かれている。Why ～?（なぜ～か。）と理由を問う質問には，Because ～.（なぜなら～だからです。）を使って答えるとよい。

No.2

絵を見てください。テレビはどこにありますか。

解答例 It's on the wall.
（壁にかかっています。）

✔ テレビは壁にかかっている。Where is［are］～? は「～はどこにありますか。」と場所をたずねるときの言い方。

No.3

女性を見てください。彼女は何をするつもりですか。

解答例 She's going to open the window.
（彼女は窓を開けるつもりです。）

✔ 女性の吹き出し内の絵を見ると，窓を開けている。What is［are］～ going to do?（～は何をするつもりですか。）の質問には，be going to ～ を使って答える。

No.4

あなたはどんな種類の映画を見るのが好きですか。

解答例 I like to watch action movies.

（私はアクション映画を見るのが好きです。）

✔ What kind of ～ do you like to …?（あなたはどんな種類の～を…するのが好きですか。）の質問には, I like to … ～.（私は～を…するのが好きです。）を使って「…するのが好きなもの」を答えるとよい。

No.5

[1つ目の質問]

あなたはレストランで食べることが好きですか。

解答例 Yes, I do.

（はい，好きです。）

No, I don't.

（いいえ，好きではありません。）

[2つ目の質問]

（あなたがYesで答えた場合）**もっと私に話してください。**

解答例 I like to eat sushi.

（私は寿司を食べることが好きです。）

（Noで答えた場合）**なぜ好きではないのですか。**

解答例 I like to eat at home.

（私は家で食べることが好きです。）

✔ Do you like to ～?（あなたは～することが好きですか。）の質問には, Yes, I do. か No, I don't[do not]. で答える。Yesで答えた場合, Please tell me more.（もっと私に話してください。）という質問が続くので, 好きな料理名や, 具体的にどういうレストランに行くのが好きかを述べる。Noで答えた場合の Why not?（なぜ好きではないのですか。）には, Some restaurants are too expensive.（高すぎるレストランもあります。）や, My mother cooks better than chefs.（母はシェフより料理が上手です。）など, レストランで食事をすることが好きではない理由や, 家の食事が好きな理由を述べる。

カードの意味

国際的なスーパーマーケット

日本には多くの国際的なスーパーマーケットがあります。国際的なスーパーマーケットは様々な国の興味深い食べ物を売っているので，多くの人に人気があります。これらの店にある食べ物は，高価なこともあります。

No.1

英文を見てください。なぜ国際的なスーパーマーケットは多くの人に人気があるのですか。

解答例 Because they sell interesting food from different countries.
（それらは様々な国の興味深い食べ物を売っているからです。）

- -

☑ International supermarkets sell interesting food from different countries, so they are popular with many people.（国際的なスーパーマーケットは様々な国の興味深い食べ物を売っているので，多くの人に人気があります。）と書かれている。Why ～?（なぜ～か。）と理由を問う質問には，Because ～.（なぜなら～だからです。）で答える。

No.2

絵を見てください。カップはどこにありますか。

They're on the table.
（テーブルの上にあります。）

- -

☑ 2つのカップが，テーブルの上に置かれている。Where are[is] ～? は「～はどこにありますか。」と場所をたずねるときの言い方。

No.3

帽子をかぶっている男性を見てください。彼は何をしていますか。

解答例 He's buying pizza.
（彼はピザを買っています。）

- -

☑ 帽子をかぶっている男性を見ると，ピザを買っている。〈What is[are]＋主語＋doing?〉（～は何をしていますか。）の質問には〈主語＋is[are] ～ing ….〉で答える。

No.4

あなたは今日の夕方何をする予定ですか。

解答例 I'm planning to cook dinner.

（私は夕食を作る予定です。）

◤ What are you planning to do?（あなたは何をする予定ですか。）の質問には，I'm planning to ～.（私は～する予定です。）と答える。

No.5

［1つ目の質問］

あなたは何かペットを飼っていますか。

解答例 Yes, I do.

（はい，飼っています。）

No, I don't.

（いいえ，飼っていません。）

［2つ目の質問］

（あなたがYesで答えた場合）**もっと私に話してください。**

解答例 I have a bird.

（私は鳥を飼っています。）

（Noで答えた場合）**あなたはどんな種類のペットを飼いたいですか。**

解答例 I'd like to have a hamster.

（私はハムスターを飼いたいです。）

◤ Do you have ～?（あなたは～を飼っていますか。）の質問には，Yes, I do. か No, I don't[do not].と答える。1つ目の質問に Yes で答えた場合，Please tell me more.（もっと私に話してください。）という質問が続くので，「どんなペットを飼っているか」などをI have ～. を使って答えるとよい。No で答えた場合の質問，What kind of pet would you like to have?（あなたはどんな種類のペットを飼いたいですか。）には，「飼いたいペット」を，I'd like to have ～. で答えるとよい。

カードの意味

コンサート

舞台の上の有名な歌手やバンドを見ることはわくわくします。多くの人が友達とコンサートに行くことを楽しみますが，中には1人でコンサートを見ることが好きな人もいます。夏には音楽のフェスティバルが野外でよく開かれます。

No.1

英文を見てください。一部の人々は何をすることが好きですか。

解答例 They like watching concerts alone.

（彼らは1人でコンサートを見ることが好きです。）

- -

📝 … some people like watching concerts alone. （…中には1人でコンサートを見ることが好きな人もいます。）と書かれている。〈What do[does]＋主語＋like doing?〉（…は何をすることが好きですか。）と問う質問には，〈主語＋like(s) 〜ing.〉（…は〜することが好きです。）を使って答えるとよい。

No.2

絵を見てください。男性は手に何を持っていますか。

解答例 He has a newspaper.

（彼は新聞を持っています。）

- -

📝 男性が手に持っているものを答える。男性は手に新聞を持っている。

No.3

長い髪の女性を見てください。彼女は何をしていますか。

解答例 She's talking on her phone.

（彼女は電話で話しています。）

- -

📝 長い髪の女性を見ると，電話で話している。〈What is[are]＋主語＋doing?〉（〜は何をしていますか。）の質問には，〈主語＋is[are] 〜ing ….〉で答える。

No.4

あなたは毎晩何時間眠りますか。

解答例 I sleep about eight hours.

（私は約8時間眠ります。）

🔷 How many hours do you sleep every night?（あなたは毎晩何時間眠りますか。）の質問には，I sleep (for) about 〜 hours.（私は約〜時間眠ります。）と答える。

No.5

[1つ目の質問]

あなたはテレビを見ることを楽しみますか。

解答例 Yes, I do.

（はい，楽しみます。）

No, I don't.

（いいえ，楽しみません。）

[2つ目の質問]

（あなたがYesで答えた場合）**もっと私に話してください。**

解答例 I like cooking shows.

（私は料理番組が好きです。）

（Noで答えた場合）**あなたは夕食後に何をするのが好きですか。**

解答例 I like to listen to music.

（私は音楽を聞くのが好きです。）

🔷 Do you enjoy 〜ing?（あなたは〜することを楽しみますか。）の質問には，Yes, I do. か No, I don't[do not]. で答える。Yesで答えた場合，Please tell me more.（もっと私に話してください。）という質問が続くので，「どんな番組が好きか」「どんな番組をよく見るか」などを答えるとよい。Noで答えた場合，What do you like to do after dinner?（あなたは夕食後に何をするのが好きですか。）には，「するのが好きなこと」を，I like to 〜. や I 〜. で答える。

カードの意味

バドミントン

バドミントンをすることは日本では人気のある活動です。学校でバドミントン部に入る学生もいます。そして，多くの人々は週末に地元の体育館でバドミントンをします。いつかオリンピックに参加することを望んでいる選手もいます。

No.1

英文を見てください。多くの人々はどこで週末にバドミントンをしますか。

解答例 They play badminton in local gyms.

（彼らは地元の体育館でバドミントンをします。）

📝 … many people play badminton in local gyms on weekends.（多くの人々は週末に地元の体育館でバドミントンをします。）と書かれている。Where ~?（どこで～か。）と場所を問う質問には，場所を表す語句を使って答える。また，主語は代名詞に変えて答えるとよい。本問では，many people は they になる。

No.2

絵を見てください。何本のボトルがテーブルの上にありますか。

解答例 There are three.

（3本あります。）

📝 テーブルの上にボトルが3本ある。〈How many ＋名詞の複数形＋ are there ~?〉は「～にいくつ[何人]の名詞がありますか[いますか]。」と数を問う質問文で，〈There are [is] ＋数を表す語.〉で答える。

No.3

めがねをかけている少年を見てください。彼は何をするつもりですか。

解答例 He's going to throw a ball.

（彼はボールを投げるつもりです。）

📝 少年の吹き出し内の絵を見ると，ボールを投げている。〈What is [are] ＋主語＋ going to do?〉（～は何をするつもりですか。）の質問には，be going to ~ を使って答える。

No.4

あなたは暇なときにどこに行くのが好きですか。

解答例 I like to go to the shopping mall.

（私はショッピングモールに行くのが好きです。）

> ✓ Where do you like to go?（あなたはどこに行くのが好きですか。）の質問には，I like to go to ~.（私は~に行くのが好きです。）を使って，具体的な「場所」を答えるとよい。

No.5

［1つ目の質問］

あなたはキャンプに行ったことがありますか。

解答例 Yes, I have.

（はい，行ったことがあります。）

No, I haven't.

（いいえ，行ったことがありません。）

［2つ目の質問］

（あなたがYesで答えた場合）**もっと私に話してください。**

解答例 I go camping every fall.

（私は毎年秋にキャンプに行きます。）

（Noで答えた場合）**あなたは次の週末に何をする予定ですか。**

解答例 I'm going to go to a festival.

（私はお祭りに行く予定です。）

> ✓ Have you ever been ~ ing?（あなたは~しに行ったことがありますか。）の質問には Yes, I have. か No, I haven't［have not］. で答える。Yesで答えた場合，Please tell me more.（もっと私に話してください。）には，「どこに」「いつ」などを答えるとよい。Noで答えた場合，What are you going to do? と予定を聞かれたら，〈I'm going to ~.〉を用いて，具体的な行動を答える。

カードの意味

スパゲッティ

スパゲッティは世界中の人々に食べられています。それはよくトマトから作られたソースで食べられています。スパゲッティはおいしく，作るのが簡単なので，多くの家庭に人気の食事です。

No.1

英文を見てください。なぜスパゲッティは多くの家庭に人気の食事ですか。

解答例 Because it is delicious and easy to cook.

（それはおいしく，作るのが簡単だからです。）

☑ Spaghetti is delicious and easy to cook, so it is a popular dish with many families.（スパゲッティはおいしく，作るのが簡単なので，多くの家庭に人気の食事です。）と書かれている。Why ～?（なぜ～か。）と理由を問う質問には，Because ～.（なぜなら～だからです。）を使って答える。so の直前の部分が「理由」にあたる。また，主語は代名詞に変えて答えるとよい。本問では，spaghetti は it になる。

No.2

絵を見てください。新聞はどこにありますか。

解答例 It's on the sofa.

（それはソファの上にあります。）

☑ 新聞のある場所を答える。新聞はソファの上にある。「～の上に」は on ～で表す。

No.3

女性を見てください。彼女は何をしていますか。

解答例 She's looking at a calendar.

（彼女はカレンダーを見ています。）

☑ 女性は壁にかかっているカレンダーを見ている。What is［are］～ doing?（～は何をしていますか。）の質問には，現在進行形を使って答える。

No.4

あなたはリラックスするために何をしますか。

解答例 I read comic books.

（私はまんが本を読みます。）

> ✔ What do you do to ～?（あなたは～するために何をしますか。）の質問には，具体的な行動を答えるとよい。

No.5

［1つ目の質問］

あなたは学生ですか。

解答例 Yes, I am.

（はい，そうです。）

No, I'm not.

（いいえ，そうではありません。）

［2つ目の質問］

（あなたがYesで答えた場合）どの科目があなたにとって一番難しいですか。

解答例 Science is the most difficult.

（理科が一番難しいです。）

（Noで答えた場合）あなたは朝食に何を食べるのが好きですか。

解答例 I like to have bread.

（私はパンを食べることが好きです。）

> ✔ Are you ～?（あなたは～ですか。）の質問には，Yes, I am. か No, I'm［I am］not. と答える。1つ目の質問にYesで答えた場合，What school subject is the most difficult for you?（どの科目があなたにとって一番難しいですか。）という質問には，具体的な「科目名」を，～ is the most difficult. で答える。Noで答えた場合の質問，What do you like to have for breakfast?（あなたは朝食に何を食べるのが好きですか。）には，「朝食に食べるもの」を，I like to have ～. で答えるとよい。

英検3級 2021年度 試験日程

第1回検定

[受付期間]	3月25日〜4月15日(個人申込)	
[一次試験]	本会場 ———— 5月30日(日)	
	準会場 ———— 5月21日(金)・22日(土)・23日(日)	
	5月28日(金)・29日(土)・30日(日)	
[二次試験]	本会場 ———— 6月27日(日)・7月4日(日)	
	準会場 ———— 6月27日(日)・7月4日(日)	

第2回検定

[受付期間]	8月1日〜8月27日(個人申込)
[一次試験]	本会場 ———— 10月10日(日)
	準会場 ———— 10月1日(金)・2日(土)・3日(日)
	10月8日(金)・9日(土)・10日(日)
[二次試験]	本会場 ———— 11月7日(日)・14日(日)
	準会場 ———— 11月7日(日)・14日(日)

第3回検定

[受付期間]	11月1日〜12月10日
[一次試験]	本会場 ———— 2022年1月23日(日)
	準会場 ———— 1月14日(金)・15日(土)・16日(日)
	1月21日(金)・22日(土)・23日(日)
[二次試験]	本会場 ———— 2月20日(日)・27日(日)
	準会場 ———— 2月20日(日)・27日(日)

● 学校などで団体受験する人は,日程については担当の先生の指示に従ってください。
● 受付期間や試験日程は,下記ホームページ等で最新の情報を事前にご確認ください。

公益財団法人 日本英語検定協会 〉 HP　https://www.eiken.or.jp/
電話　03-3266-8311

2021年度 英検3級 過去問題集

編集協力	株式会社ファイン・プランニング　株式会社メディアビーコン
	上保匡代, 甲野藤文宏, 高井慶子, 村西厚子, 森田桂子, 渡邉聖子
英文校閲	Joseph Tabolt
CD録音	(財)英語教育協議会(ELEC)
ナレーション	Chris Koprowski, Jack Merluzzi, Rachel Walzer, 水月優希
デザイン	小口翔平＋大城ひかり(tobufune)
イラスト	MIWA★, 日江井 香